Mon homme Jeeves

PG Wodehouse

Writat

Cette édition parue en 2024

ISBN : 9789359943138

Publié par
Writat
email : info@writat.com

Contenu

LAISSEZ-LE À JEEVES

Jeeves – mon homme, vous savez – est vraiment un type des plus extraordinaires. Tellement capable. Honnêtement, je ne devrais pas savoir quoi faire sans lui. D'une manière plus large, il ressemble à ces gars qui regardent tristement par-dessus les créneaux de marbre de la gare de Pennsylvanie, à l'endroit marqué « Enquêtes ». Vous connaissez les Johnnies, je veux dire. Vous vous approchez d'eux et leur dites : « Quand est le prochain train pour Melonsquashville , Tennessee ? » et ils répondent, sans réfléchir : « Deux heures quarante-trois, voie dix, changement à San Francisco. Et ils ont raison à chaque fois. Eh bien, Jeeves vous donne exactement la même impression d'omniscience.

Pour illustrer ce que je veux dire, je me souviens avoir rencontré Monty Byng à Bond Street un matin, vêtu d'un costume à carreaux gris, et j'ai senti que je ne devrais jamais être heureux tant que je n'en aurais pas un comme celui-là. Je lui ai extrait l'adresse des tailleurs et je les ai fait travailler sur le truc dans l'heure.

"Jeeves", ai-je dit ce soir-là. "Je vais recevoir un costume à carreaux comme celui de M. Byng."

"C'est peu judicieux, monsieur," dit-il fermement. "Cela ne vous conviendra pas."

« Quelle pourriture absolue ! C'est la chose la plus solide que j'ai jamais frappée depuis des années.

"Ne vous convient pas, monsieur."

Eh bien, en résumé, cette foutue chose est revenue à la maison, je l'ai mise et quand je me suis aperçu dans le verre, j'ai failli m'évanouir. Jeeves avait parfaitement raison. Je ressemblais à un croisement entre un comédien de music-hall et un bookmaker bon marché. Pourtant, Monty avait l'air bien dans absolument les mêmes vêtements. Ces choses ne sont que les mystères de la vie, et c'est tout.

Mais ce n'est pas seulement que le jugement de Jeeves sur les vêtements est infaillible, même si, bien sûr, c'est vraiment l'essentiel. L'homme sait tout. Il y avait la question de cette information sur le « Lincolnshire ». J'oublie maintenant comment je l'ai obtenu, mais il avait l'air d'être le vrai tabasco chauffé au rouge.

"Jeeves," dis-je, car j'aime cet homme et j'aime lui rendre un bon service quand je le peux, "si vous voulez gagner un peu d'argent, ayez quelque chose sur Wonderchild pour le 'Lincolnshire'."

Il secoua la tête.

"Je préfère ne pas le faire, monsieur."

« Mais ce sont les produits purs. Je vais lui mettre ma chemise.

«Je ne le recommande pas, monsieur. L'animal n'est pas destiné à gagner. La deuxième place, c'est ce que recherche l'écurie.

Un piffle parfait, ai-je pensé, bien sûr. Comment diable Jeeves pouvait-il en savoir quelque chose ? Pourtant, vous savez ce qui s'est passé. Wonderchild a mené jusqu'à ce qu'il respire sur le fil, puis Banana Fritter est arrivé et l'a flairé. Je suis rentré directement à la maison et j'ai appelé Jeeves.

«Après cela», dis-je, «pas une autre étape pour moi sans votre avis. Considérez-vous désormais comme le cerveau de l'establishment.

"Tres bien Monsieur. Je m'efforcerai de donner satisfaction.

Et il l'a fait, par Jupiter ! Je suis moi-même un peu à court de cerveau ; le vieux haricot semble avoir été construit plus pour l'ornement que pour l'usage, vous ne savez pas ; mais donnez-moi cinq minutes pour en parler avec Jeeves, et je suis prêt à conseiller n'importe qui sur n'importe quoi. Et c'est pourquoi, lorsque Bruce Corcoran est venu me voir avec ses problèmes, mon premier acte a été de sonner la cloche et de la présenter au garçon au front bombé.

"Laissez-le à Jeeves," dis-je.

J'ai fait la connaissance de Corky pour la première fois lorsque je suis arrivé à New York. C'était un ami de mon cousin Gussie, qui fréquentait beaucoup de gens du côté de Washington Square. Je ne sais pas si je vous en ai déjà parlé, mais la raison pour laquelle j'ai quitté l'Angleterre, c'est parce que j'ai été envoyé par ma tante Agatha pour essayer d'empêcher le jeune Gussie d'épouser une fille sur la scène du vaudeville, et j'ai tout compris. tellement mélangé que j'ai décidé que ce serait une bonne idée de m'arrêter un peu en Amérique au lieu de revenir en arrière et d'avoir de longues discussions agréables à ce sujet avec ma tante. J'ai donc envoyé Jeeves chercher un appartement décent et je me suis installé pour un peu d'exil. Je dois dire que New York est un endroit idéal pour s'exiler. Tout le monde était terriblement gentil avec moi, et il semblait se passer beaucoup de choses, et je suis un oiseau riche, donc tout allait bien. Les Chappies m'ont présenté à d'autres Chappies , et ainsi de suite, et il n'a pas fallu longtemps avant que je connaisse des escouades du bon type, certaines qui roulaient des dollars dans des maisons près du parc, et d'autres qui vivaient avec l'essence refusée. principalement autour de Washington Square – des artistes et des écrivains, etc. Des criques géniales.

Corky était l'un des artistes. Portraitiste, comme il se disait, mais il n'avait peint aucun portrait. Il était assis sur le côté avec une couverture sur les épaules, attendant une chance de participer au match. Vous voyez, le problème avec la peinture de portraits - j'ai étudié un peu la question - c'est que vous ne pouvez pas commencer à peindre des portraits tant que les gens ne viennent pas vous le demander, et ils ne viendront pas vous le demander tant que vous ne le ferez pas. J'ai d'abord peint beaucoup de choses. Cela rend la tâche un peu difficile pour un chappie . Corky réussissait à s'en sortir en dessinant de temps en temps pour les journaux de bandes dessinées – il était plutôt doué pour les trucs drôles quand il avait une bonne idée – et en fabriquant des sommiers, des chaises et d'autres choses pour les publicités. Cependant, sa principale source de revenus provenait du fait de mordre l'oreille d'un riche oncle , un certain Alexander Worple , qui travaillait dans le commerce du jute. Je suis un peu confus quant à ce qu'est le jute, mais c'est apparemment quelque chose que la population apprécie beaucoup, car M. Worple en a fait une pile assez indécente.

Or, beaucoup de gens pensent qu'avoir un oncle riche n'est qu'un jeu d'enfant : mais, selon Corky, ce n'est pas le cas. L'oncle de Corky était une sorte de crique robuste, qui semblait vivre éternellement . Il avait cinquante et un ans, et il semblait qu'il pourrait atteindre le niveau. Ce n'était cependant pas cela qui affligeait le pauvre vieux Corky, car il n'était pas sectaire et n'avait aucune objection à ce que cet homme continue à vivre. Ce à quoi Corky a donné un coup de pied , c'est la façon dont Worple ci-dessus le harcelait.

de Corky , voyez-vous, ne voulait pas qu'il soit un artiste. Il ne pensait pas avoir de talent dans ce sens. Il le poussait toujours à abandonner Art et à se lancer dans le secteur du jute, en commençant par le bas et en progressant. Le jute était apparemment devenu chez lui une sorte d'obsession. Il semblait y attacher une importance presque spirituelle. Et ce que Corky a dit, c'est que, même s'il ne savait pas ce qu'ils faisaient au fond du commerce du jute, son instinct lui disait que c'était quelque chose de trop bestial pour être décrit. Corky croyait d'ailleurs en son avenir d'artiste. Un jour , disait-il, il réussirait. Pendant ce temps, en usant de tout son tact et de sa persuasion, il incitait son oncle à lui verser, à contrecœur, une petite allocation trimestrielle.

Il n'aurait pas eu ça si son oncle n'avait pas eu de passe-temps. M. Worple était particulier à cet égard. En règle générale, d'après ce que j'ai pu observer, le capitaine d'industrie américain ne fait rien en dehors des heures de bureau. Lorsqu'il a éteint le chat et fermé le bureau pour la nuit, il retombe dans un état de coma dont il sort pour redevenir capitaine d'industrie. Mais M. Worple, dans ses temps libres, était ce qu'on appelle un ornithologue. Il avait écrit un livre intitulé *American Birds* et était en train d'en écrire un autre, intitulé *More American Birds* . Lorsqu'il aurait terminé cela, on présumait qu'il en commencerait une troisième et qu'il continuerait jusqu'à ce que la réserve d'oiseaux américains soit épuisée. Corky venait le voir environ une fois tous les trois mois et le laissait parler des oiseaux américains. Apparemment, vous pourriez faire ce que vous vouliez avec le vieux Worple si vous lui donniez la tête la première sur son sujet de prédilection, alors ces petites discussions permettaient à Corky de se contenter pour le moment. Mais c'était plutôt pourri pour le pauvre type. Il y avait un suspense affreux, voyez-vous, et, à part ça, les oiseaux, sauf grillés et en compagnie d'une bouteille froide, l'ennuyaient à mourir.

Pour compléter l'étude du caractère de M. Worple , c'était un homme au caractère extrêmement incertain, et sa tendance générale était de penser que Corky était un pauvre idiot et que quel que soit le pas qu'il faisait dans une direction pour son propre compte, ce n'était qu'un autre. preuve de son idiotie innée. J'imagine que Jeeves ressent la même chose à mon égard.

Ainsi, quand Corky est entré dans mon appartement un après-midi, chassant une fille devant lui et m'a dit : « Bertie, je veux que vous rencontriez ma fiancée, Miss Singer », l'aspect de l'affaire qui m'a frappé en premier était précisément celui qui m'a frappé. il était venu me consulter. Les tout premiers mots que j'ai prononcés ont été : « Corky, et ton oncle ?

Le pauvre type eut un de ces rires sans joie. Il avait l'air anxieux et inquiet, comme un homme qui a bien commis le meurtre mais qui ne sait pas quoi faire du corps.

"Nous avons tellement peur, M. Wooster", a déclaré la jeune fille. "Nous espérions que vous pourriez lui suggérer un moyen de le lui faire comprendre."

Muriel Singer faisait partie de ces filles très calmes et attirantes qui ont une façon de vous regarder avec leurs grands yeux comme si elles pensaient que vous étiez la plus grande chose sur terre et se demandaient que vous ne vous en soyez pas encore rendu compte. Elle était assise là, d'une manière qui rétrécissait, me regardant comme si elle se disait : « Oh, j'espère que ce grand homme fort ne va pas me faire du mal. Elle donnait à un individu un sentiment de protection, lui donnait envie de lui caresser la main et de dire : « Là, là, petite ! ou des mots à cet effet. Elle m'a fait sentir qu'il n'y avait rien que je ne ferais pas pour elle. Elle ressemblait un peu à l'une de ces boissons américaines au goût innocent qui s'insinuent imperceptiblement dans votre organisme, de sorte que, avant de savoir ce que vous faites, vous commencez à réformer le monde par la force s'il le faut et vous vous arrêtez pour le dire. le grand homme dans le coin qui, s'il vous regarde comme ça, vous lui casserez la tête. Ce que je veux dire, c'est qu'elle m'a fait me sentir alerte et fringant, comme un joyeux vieux chevalier errant ou quelque chose du genre. Je sentais que j'étais avec elle dans cette affaire jusqu'à la limite.

« Je ne vois pas pourquoi votre oncle ne devrait pas être terriblement contrarié », dis-je à Corky. "Il pensera que Miss Singer est l'épouse idéale pour vous."

Corky a refusé de se remonter le moral.

« Vous ne le connaissez pas. Même s'il aimait Muriel, il ne l'admettrait pas. C'est le genre d'homme têtu qu'il est. Ce serait une question de principe pour lui de donner un coup de pied. Tout ce qu'il considérerait, c'était que j'avais fait un pas important sans lui demander conseil, et il relèverait Caïn automatiquement. Il l'a toujours fait.

J'ai filtré le vieux grain pour faire face à cette urgence.

« Vous voulez faire en sorte qu'il fasse la connaissance de Miss Singer sans savoir que vous la connaissez. Alors tu viens… »

« Mais comment puis-je procéder de cette façon ? »

J'ai compris son point de vue. C'était le piège.

"Il n'y a qu'une chose à faire", dis-je.

"Qu'est ce que c'est?"

"Laissez-le à Jeeves."

Et j'ai sonné.

"Monsieur?" dit Jeeves, en quelque sorte se manifestant. L'un des aspects du rami à propos de Jeeves est que, à moins que vous ne le regardiez comme un faucon, vous le voyez très rarement entrer dans une pièce. Il est comme l'un de ces gars bizarres en Inde qui se dissolvent dans l'air, parcourent l'espace d'une manière désincarnée et assemblent à nouveau les pièces là où ils le souhaitent. J'ai un cousin qui est ce qu'on appelle un théosophe, et il dit qu'il a souvent failli travailler sur ce sujet lui-même, mais qu'il n'y est pas parvenu, probablement parce qu'il s'était nourri dans son enfance de la chair d'animaux tués par colère et tarte.

Au moment où j'ai vu l'homme debout là, enregistrant une attention respectueuse, un poids a semblé m'échapper de l'esprit. Je me sentais comme un enfant perdu qui aperçoit son père au loin. Il y avait quelque chose chez lui qui me donnait confiance.

Jeeves est un homme de grande taille, avec un de ces visages sombres et astucieux. Son œil brille de la lumière de la pure intelligence.

"Jeeves, nous voulons votre avis."

"Tres bien Monsieur."

J'ai résumé le cas douloureux de Corky en quelques mots bien choisis.

"Alors tu vois ce que cela représente, Jeeves. Nous voulons que vous suggériez un moyen par lequel M. Worple pourrait faire la connaissance de Miss Singer sans se rendre compte que M. Corcoran la connaît déjà. Comprendre?"

"Parfaitement, monsieur."

"Eh bien, essaie de penser à quelque chose."

"J'ai déjà pensé à quelque chose, monsieur."

"Tu as!"

"Le projet que je propose ne peut échouer, mais il présente ce qui peut vous sembler un inconvénient, monsieur, en ce sens qu'il nécessite une certaine dépense financière."

"Il veut dire", traduisis-je à Corky, "qu'il a une idée, mais ça va coûter un peu."

Naturellement, le visage du pauvre type s'abaissa, car cela semblait tout gâcher. Mais j'étais toujours sous l'emprise du regard fondant de la jeune fille, et je vis que c'était là que j'avais débuté en tant que chevalier errant.

"Tu peux compter sur moi pour tout ce genre de choses, Corky," dis-je. « Je suis trop content. Continue, Jeeves.

"Je suggérerais, monsieur, que M. Corcoran profite de l'attachement de M. Worple à l'ornithologie."

"Comment diable saviez-vous qu'il aimait les oiseaux?"

« C'est ainsi que sont construits ces appartements new-yorkais, monsieur. Tout à fait différent de nos maisons londoniennes. Les cloisons entre les pièces sont des plus fragiles. Sans vouloir entendre, j'ai parfois entendu M. Corcoran s'exprimer avec une force généreuse sur le sujet que j'ai évoqué.

"Oh! Bien?"

« Pourquoi la jeune dame n'écrirait-elle pas un petit volume, intitulé, disons, *Le Livre pour enfants sur les oiseaux américains* , et ne le consacrerait-elle pas à M. Worple ! Une édition limitée pourrait être publiée à vos frais, monsieur, et une grande partie du livre serait, bien entendu, consacrée à des remarques élogieuses concernant le propre traité plus vaste de M. Worple sur le même sujet. Je recommanderais l'envoi d'un exemplaire de présentation à M. Worple , dès sa publication, accompagné d'une lettre dans laquelle la jeune dame demande à pouvoir faire la connaissance de celui à qui elle doit tant.

Cela produirait, j'imagine, le résultat souhaité, mais comme je l'ai dit, la dépense impliquée serait considérable.

Je me sentais comme le propriétaire d'un chien de spectacle sur la scène du vaudeville alors que le gamin vient de réussir son tour sans accroc. J'avais parié sur Jeeves depuis le début et je savais qu'il ne me laisserait pas tomber. Cela me dépasse parfois de savoir pourquoi un homme avec son génie se contente de traîner en repassant mes vêtements et ainsi de suite. Si j'avais la moitié du cerveau de Jeeves, j'aurais une chance de devenir Premier ministre ou quelque chose du genre.

"Jeeves," dis-je, "c'est absolument déchirant ! Un de vos meilleurs efforts.

"Merci Monsieur."

La jeune fille a fait une objection.

« Mais je suis sûr que je ne pourrais pas écrire un livre sur quoi que ce soit. Je ne peux même pas écrire de bonnes lettres.

« Les talents de Muriel , dit Corky en toussant légèrement, vont plutôt dans le sens du drame, Bertie. Je ne l'ai pas mentionné auparavant, mais l'une des raisons pour lesquelles nous sommes un peu nerveux quant à la façon dont oncle Alexander recevra la nouvelle est que Muriel fait partie du chœur de cette émission *Choisissez votre sortie* au Manhattan. C'est absurdement déraisonnable, mais nous pensons tous les deux que cela pourrait accroître la tendance naturelle de l'oncle Alexander à donner des coups de pied comme un bœuf.

J'ai vu ce qu'il voulait dire. Dieu sait qu'il y avait déjà assez de bruit dans notre famille lorsque j'ai essayé de me marier avec une comédie musicale il y a quelques années. Et le souvenir de l'attitude de ma tante Agatha à l'égard de Gussie et de la fille du vaudeville était encore frais dans mon esprit. Je ne sais pas pourquoi – un de ces experts en psychologie pourrait l'expliquer, je suppose – mais les oncles et les tantes, en tant que classe sociale, sont toujours fermement opposés au drame, légitime ou non. Ils ne semblent pas capables de tenir le coup à tout prix.

Mais Jeeves avait bien sûr une solution.

« Je pense qu'il serait simple, monsieur, de trouver un auteur impécunieux qui serait heureux de composer lui-même le volume pour une somme modique. Il suffit que le nom de la jeune femme figure sur la page de titre.

"C'est vrai", a déclaré Corky. « Sam Patterson le ferait pour cent dollars. Il écrit chaque mois un roman, trois nouvelles et dix mille mots d'un feuilleton pour l'un des magazines de fiction sous des noms différents. Une petite chose comme celle-là ne serait rien pour lui. Je vais m'en prendre à lui tout de suite.

"Bien !"

« Est-ce que ce sera tout, monsieur ? dit Jeeves. "Tres bien Monsieur. Merci Monsieur."

J'ai toujours pensé que les éditeurs devaient être des types diaboliquement intelligents, chargés de matière grise ; mais j'ai leur numéro maintenant. Tout ce qu'un éditeur a à faire, c'est d'émettre des chèques à intervalles réguliers, pendant que de nombreux types méritants et industrieux se rassemblent et font le vrai travail. Je le sais, parce que j'en ai été un moi-même. Je restais simplement assis dans le vieil appartement avec un stylo-plume et, au moment opportun, un livre brillant et brillant arrivait.

Il se trouve que je me trouvais chez Corky lorsque les premiers exemplaires du *Livre pour enfants sur les oiseaux américains* ont été publiés. Muriel Singer était là et nous parlions de choses en général lorsqu'on a frappé à la porte et que le colis a été livré.

C'était certainement un livre. Il y avait une couverture rouge avec un oiseau de certaines espèces dessus, et en dessous le nom de la jeune fille en lettres dorées. J'en ai ouvert un exemplaire au hasard.

«Souvent, un matin de printemps», disait-il en haut de la page vingt et un, «lorsque vous vous promenez dans les champs, vous entendrez le gazouillis doux et insouciant du pinson pourpre. Quand vous serez plus âgé, vous devrez tout lire sur lui dans le merveilleux livre de M. Alexander Worple : *American Birds* .

Tu vois. Un coup de pouce pour l'oncle tout de suite. Et seulement quelques pages plus tard, il était de nouveau sous les projecteurs à propos du coucou à bec jaune. C'était génial. Plus je lisais, plus j'admirais le type qui l'avait écrit et le génie de Jeeves à nous mettre en colère. Je ne voyais pas comment l'oncle pourrait ne pas lâcher prise. Vous ne pouvez pas appeler un type la plus grande autorité mondiale en matière de coucou à bec jaune sans éveiller en lui une certaine disposition à la camaraderie.

"C'est un certificat !" J'ai dit.

"Un jeu d'enfant absolu !" dit Corky.

Et un jour ou deux plus tard, il a remonté l'avenue jusqu'à mon appartement pour me dire que tout allait bien. L'oncle avait écrit à Muriel une lettre si dégoulinante du lait de la bonté humaine que s'il n'avait pas connu l'écriture de M. Worple, Corky aurait refusé d'en croire l'auteur. Chaque fois qu'il conviendrait à Miss Singer d'appeler, dit l'oncle, il serait ravi de faire sa connaissance.

Peu de temps après, j'ai dû quitter la ville. Divers sportifs du son m'avaient invité à visiter leurs campagnes, et ce n'est qu'après plusieurs mois que je me suis réinstallé en ville. Bien sûr, je me demandais beaucoup à propos de Corky, si tout s'était bien passé, etc., et ma première soirée à New York, où je me trouvais par hasard dans une sorte de petit restaurant tranquille où je vais quand je ne le fais pas. N'ayant pas envie des lumières vives, j'y ai trouvé Muriel Singer, assise seule à une table près de la porte. Corky, j'ai cru comprendre, était en train de téléphoner. Je suis monté et j'ai passé l'heure de la journée.

"Eh bien, eh bien, quoi?" J'ai dit.

« Eh bien, M. Wooster ! Comment vas-tu?"

« Corky dans le coin ? »

"Je vous demande pardon?"

"Tu attends Corky, n'est-ce pas ?"

« Oh, je n'ai pas compris. Non, je ne l'attends pas.

Il me semblait qu'il y avait une sorte de quelque chose dans sa voix, une sorte de truc, vous savez.

"Je dis, tu n'as pas eu de dispute avec Corky, n'est-ce pas ?"

"Une rangée?"

"Une dispute, tu ne sais pas… un petit malentendu… des fautes des deux côtés… euh … et tout ce genre de choses."

"Pourquoi, qu'est-ce qui te fait penser ça?"

« Oh, eh bien, pour ainsi dire, quoi ? Ce que je veux dire, c'est que je croyais que tu dînais habituellement avec lui avant d'aller au théâtre.

"J'ai quitté la scène maintenant."

Soudain, tout cela m'est venu à l'esprit. J'avais oublié combien de temps j'avais été absent.

« Eh bien, bien sûr, je vois maintenant ! Tu es marié!"

"Oui."

« Comme c'est parfait ! Je vous souhaite toutes sortes de bonheur.

"Merci beaucoup. Oh Alexandre, dit-elle en regardant devant moi, voici un de mes amis, M. Wooster.

Je me suis retourné. Un bonhomme avec de nombreux cheveux gris et raides et un visage rouge et sain se tenait là. Plutôt un Johnnie redoutable, il avait l'air, bien que plutôt paisible pour le moment.

«Je veux que vous rencontriez mon mari, M. Wooster. M. Wooster est un ami de Bruce, Alexander.

Le vieux garçon m'a serré la main chaleureusement, et c'est tout ce qui m'a empêché de tomber en tas sur le sol. L'endroit était en pleine effervescence. Absolument.

"Alors vous connaissez mon neveu, M. Wooster", l'entendis-je dire. «J'aimerais que vous essayiez de lui donner un peu de bon sens et de lui faire arrêter de jouer à la peinture. Mais j'ai l'impression qu'il se stabilise. Je l'ai remarqué pour la première fois ce soir-là, il est venu dîner avec nous, ma chère, pour vous être présenté. Il semblait tout à fait plus calme et plus sérieux. Quelque chose semblait l'avoir dégrisé. Peut-être nous ferez-vous le plaisir de votre compagnie au dîner de ce soir, M. Wooster ? Ou as-tu dîné ?

J'ai dit que oui. Ce dont j'avais alors besoin, c'était d'air, pas de dîner. Je sentais que je voulais aller au grand jour et réfléchir à cette chose.

Quand je suis arrivé à mon appartement, j'ai entendu Jeeves bouger dans son antre. Je l'ai appelé.

« Mon Dieu, dis-je, il est maintenant temps pour tous les hommes de bien de venir en aide au parti. Un petit-fils raide. tout d' abord , et ensuite j'ai quelques nouvelles pour vous.

Il revint avec un plateau et un long verre.

« Tu ferais mieux d'en avoir un toi-même, Jeeves. Vous en aurez besoin.

"Plus tard, peut-être, merci, monsieur."

"D'accord. Fais toi plaisir. Mais tu vas avoir un choc. Vous vous souvenez de mon ami, M. Corcoran ?

"Oui Monsieur."

"Et la jeune fille qui allait se glisser gracieusement dans l'estime de son oncle en écrivant le livre sur les oiseaux ?"

"Parfaitement, monsieur."

«Eh bien, elle a glissé. Elle a épousé l'oncle.

Il l'a pris sans sourciller. Vous ne pouvez pas ébranler Jeeves.

"C'était toujours une évolution à craindre, monsieur."

"Tu ne veux pas me dire que tu t'y attendais ?"

"Cela m'a traversé l'esprit comme une possibilité."

« C'est fait, par Jupiter ! Eh bien, je pense que vous auriez pu nous prévenir ! »

"Je n'aimais guère prendre cette liberté, monsieur."

Bien sûr, comme je l'ai vu après avoir mangé un morceau et que j'étais dans un état d'esprit plus calme, ce qui s'était passé n'était pas de ma faute, en fin de compte. On ne pouvait pas s'attendre à ce que je prévoie que le projet, en soi un cracker-jack, déraperait dans le fossé comme il l'avait fait ; mais je dois quand même admettre que je n'aimais pas l'idée de revoir Corky jusqu'à ce que le temps, le grand guérisseur, ait pu se livrer à un petit travail d'apaisement. J'ai définitivement supprimé Washington Square pour les prochains mois. Je lui ai donné un échec complet. Et puis, juste au moment où je commençais à penser que je pourrais descendre en toute sécurité dans cette direction et rassembler les fils tombés, pour ainsi dire, le temps, au lieu de faire fonctionner la respiration sifflante de guérison, est allé arracher l'os le plus horrible et a mis le couvercle. il. Un matin, en ouvrant le journal, j'ai lu que Mme Alexander Worple avait offert à son mari un fils et héritier.

J'étais tellement désolé pour le pauvre vieux Corky que je n'ai pas eu le cœur de toucher à mon petit-déjeuner. J'ai dit à Jeeves de le boire lui-même. J'ai été bouleversé. Absolument. C'était la limite.

Je savais à peine quoi faire. J'avais bien sûr envie de me précipiter à Washington Square et de saisir silencieusement la main du pauvre fléau ; et puis, en y réfléchissant, je n'en ai pas eu le courage. L'absence de traitement semblait être la touche. Je le lui ai donné par vagues.

Mais au bout d'un mois environ, j'ai recommencé à hésiter. J'ai été frappé par le fait qu'il jouait un peu bas avec le pauvre type, en l'évitant comme ça juste au moment où il voulait probablement que ses copains se précipitent autour de lui. Je l'imaginais assis dans son studio solitaire, sans autre compagnie que ses pensées amères, et le pathos de cela m'a tellement touché que j'ai bondi directement dans un taxi et j'ai dit au chauffeur de tout mettre en œuvre pour le studio.

Je me suis précipité à l'intérieur et j'ai vu Corky, penché devant le chevalet, en train de peindre, tandis que sur le trône modèle était assise une femme d'âge moyen à l'air sévère, tenant un bébé dans ses bras.

Il faut être prêt pour ce genre de choses.

"Oh, ah!" Dis-je et j'ai commencé à reculer.

Corky regarda par-dessus son épaule.

« Bonjour , Bertie. N'y allez pas. Nous venons juste de terminer la journée. Ce sera tout cet après-midi », dit-il à l'infirmière, qui se leva avec le bébé et le transvasa dans une poussette qui se trouvait dans le fairway.

« Demain à la même heure, monsieur Corcoran ?

"Oui s'il vous plait."

"Bon après-midi."

"Bon après-midi."

Corky est resté là, regardant la porte, puis il s'est tourné vers moi et a commencé à l'enlever de sa poitrine. Heureusement, il semblait prendre pour acquis que je savais tout de ce qui s'était passé, donc ce n'était pas aussi gênant que cela aurait pu l'être.

«C'est l'idée de mon oncle», dit-il. « Muriel ne le sait pas encore. Le portrait sera une surprise pour elle le jour de son anniversaire. L'infirmière emmène l'enfant dehors, soi-disant, pour qu'il puisse souffler, et ils l'ont battu ici. Si vous voulez un exemple de l'ironie du sort, Bertie, lisez ceci. Voici la première commande que j'ai jamais eue pour peindre un portrait, et le modèle est cet œuf poché humain qui est entré en collision et m'a fait sortir de mon héritage. Peux-tu le battre! J'appelle cela frotter la chose pour m'attendre à ce que je passe mes après-midi à regarder le visage laid d'un petit morveux qui, à toutes fins utiles, m'a frappé derrière l'oreille avec un blackjack et a piqué tout ce que je possède. Je ne peux pas refuser de peindre le portrait car si je le faisais, mon oncle arrêterait mon allocation ; pourtant, chaque fois que je lève les yeux et croise le regard vide de cet enfant, je souffre d'agonies. Je te le dis, Bertie, parfois quand il me lance un regard condescendant puis se détourne et est malade, comme si cela le révoltait de me regarder, je suis à deux doigts d'occuper toute la une des journaux du soir comme le dernier sensation de meurtre . Il y a des moments où je peux presque voir les gros titres : « Un jeune artiste prometteur fait un bébé avec une hache. »

Je lui ai tapoté l'épaule en silence. Ma sympathie pour le pauvre vieux scout était trop profonde pour être exprimée en mots.

Après cela, je restai éloigné du studio pendant un certain temps, car il ne me semblait pas juste de m'immiscer dans le chagrin du pauvre garçon . En plus, je dois dire que cette infirmière m'a intimidé. Elle me rappelait si infernalement tante Agatha. Elle était du même type aux yeux vrillés.

Mais un après-midi, Corky m'a appelé au téléphone.

"Bertie."

« Allô ? »

« Est-ce que tu fais quelque chose cet après-midi ?

"Rien de spécial."

« Vous ne pourriez pas venir ici, n'est-ce pas ?

"Quel est le problème? Quelque chose se passe ?

"J'ai terminé le portrait."

"Bon garçon! Du gros travail !

"Oui." Sa voix semblait plutôt dubitative. « Le fait est, Bertie, que cela ne me semble pas tout à fait normal. Il y a quelque chose là-dedans… Mon oncle vient dans une demi-heure pour l'inspecter, et… je ne sais pas pourquoi, mais j'ai l'impression que j'aimerais votre soutien moral !

J'ai commencé à voir que je me laissais aller à quelque chose. La coopération sympathique de Jeeves me parut indiquée.

"Tu penses qu'il va se casser la figure ?"

"Il peut."

J'ai repensé au type au visage rouge que j'avais rencontré au restaurant et j'ai essayé de l'imaginer en train de couper brutalement. C'était trop facile. J'ai parlé fermement à Corky au téléphone.

«Je viendrai», dis-je.

"Bien!"

"Mais seulement si je peux amener Jeeves!"

« Pourquoi Jeeves ? Qu'est-ce que Jeeves a à voir avec ça ? Qui veut de Jeeves ? Jeeves est l'imbécile qui a suggéré le plan qui a conduit… »

« Écoute, Corky, vieux haut ! Si vous pensez que je vais affronter votre oncle sans le soutien de Jeeves, vous vous trompez. Je préférerais aller dans une tanière de bêtes sauvages et mordre un lion sur la nuque.

"Oh, d'accord", dit Corky. Pas cordialement, mais il l'a dit ; alors j'ai appelé Jeeves et je lui ai expliqué la situation.

"Très bien, monsieur", a déclaré Jeeves.

C'est le genre de type qu'il est. Vous ne pouvez pas l'ébranler.

Nous avons trouvé Corky près de la porte, regardant la photo, avec une main levée de manière défensive, comme s'il pensait qu'elle pourrait lui tomber dessus.

« Reste là où tu es, Bertie, » dit-il sans bouger. "Maintenant, dis-moi honnêtement, qu'est-ce que ça te frappe?"

La lumière de la grande fenêtre tombait directement sur la photo. Je l'ai bien regardé. Puis je me suis rapproché un peu et j'ai jeté un autre coup d'œil. Puis je suis retourné là où j'étais au début, parce que ça ne m'avait pas semblé si mal à partir de là.

"Bien?" dit Corky avec inquiétude.

J'ai un peu hésité.

"Bien sûr, mon vieux, je n'ai vu le gamin qu'une fois, et seulement un instant, mais... mais c'était *un* gamin laid, n'est-ce pas, si je me souviens bien ?"

"Aussi laid que ça?"

J'ai regardé à nouveau et l'honnêteté m'a obligé à être franc.

"Je ne vois pas comment cela aurait pu être, mon vieux."

Le pauvre vieux Corky passa ses doigts dans ses cheveux d'une manière capricieuse. Il gémit.

« Tu as tout à fait raison, Bertie. Quelque chose ne va pas avec cette foutue chose. Mon impression personnelle est que, sans le savoir, j'ai réalisé ce truc que Sargent et ses gars réalisent : peindre l'âme du modèle. J'ai dépassé la simple apparence extérieure et j'ai mis l'âme de l'enfant sur toile.

« Mais un enfant de cet âge pourrait-il avoir une âme comme celle-là ? Je ne vois pas comment il aurait pu y parvenir à ce moment-là. Qu'en penses-tu, Jeeves ?

"J'en doute, monsieur."

"Il... il vous regarde en quelque sorte, n'est-ce pas ?"

"Tu l'as remarqué aussi?" dit Corky.

"Je ne vois pas comment on pourrait ne pas le remarquer."

«Tout ce que j'ai essayé de faire, c'est de donner à cette petite brute une expression joyeuse. Mais comme cela s'est avéré, il a l'air positivement dissipé.

« Exactement ce que j'allais suggérer, vieil homme. Il a l'air d'être au milieu d'une fête colossale et d'en profiter de chaque minute. Tu ne le penses pas, Jeeves ?

"Il a un air décidément ivre, monsieur."

Corky commençait à dire quelque chose lorsque la porte s'ouvrit et que l'oncle entra.

Pendant environ trois secondes, tout n'était que joie, gaieté et bonne volonté. Le vieux garçon m'a serré la main, a giflé Corky dans le dos, a dit qu'il ne pensait pas avoir jamais vu une si belle journée et lui a donné un coup de bâton dans la jambe. Jeeves s'était projeté à l'arrière-plan et il ne l'avait pas remarqué.

« Eh bien, Bruce, mon garçon ; donc le portrait est bien fini, n'est-ce pas... vraiment fini ? Eh bien, sortez-le. Jetons un coup d'oeil. Ce sera une merveilleuse surprise pour votre tante. Où est-il? Allons... »

Et puis il a compris – tout d'un coup, alors qu'il n'était pas prêt à recevoir le coup de poing ; et il bascula sur ses talons.

« Ouh ! » il s'est excalmé. Et pendant peut-être une minute, il y eut l'un des silences les plus glauques que j'aie jamais rencontré.

"Est-ce une farce?" dit-il enfin, d'une manière qui déclencha environ seize courants d'air traversant la pièce à la fois.

Je pensais que c'était à moi de me rallier au vieux Corky.

"Vous voulez vous en éloigner un peu", dis-je.

« Vous avez parfaitement raison ! » il renifla. "Je fais! Je veux me tenir si loin de lui que je ne puisse pas voir la chose avec un télescope ! » Il s'en est pris à Corky tel un tigre indompté de la jungle qui vient de repérer un morceau de viande. « Et c'est... c'est pour cela que vous avez perdu votre temps et mon argent pendant toutes ces années ! Un peintre! Je ne te laisserais pas peindre une de mes maisons ! Je t'ai donné cette commande, pensant que tu étais un travailleur compétent, et voici... cet... cet extrait d'un supplément comique en couleur est le résultat ! Il se dirigea vers la porte, fouettant sa queue et grognant pour lui-même. « C'est fini ! Si vous souhaitez continuer cette sottise de vous faire passer pour un artiste parce que vous cherchez un prétexte à l'oisiveté, faites-vous plaisir. Mais laissez-moi vous dire ceci. À moins que vous ne vous présentiez à mon bureau lundi matin, prêt à abandonner toute cette idiotie et à commencer par le bas de l'affaire pour gravir les échelons, comme vous auriez dû le faire il y a une demi-douzaine d'années, pas un autre centime, pas un autre centime... pas un autre... Boush !

Puis la porte s'est fermée et il n'était plus parmi nous. Et j'ai rampé hors de l'abri anti-bombes.

"Corky, vieux toit!" Murmurai-je faiblement.

Corky regardait la photo. Son visage était figé. Il y avait un regard traqué dans ses yeux.

"Eh bien, c'est fini !" » marmonna-t-il d'une voix brisée.

"Qu'est-ce que tu vas faire?"

"Faire? Que puis-je faire? Je ne peux pas rester ici s'il coupe les vivres. Vous avez entendu ce qu'il a dit. Je devrai aller au bureau lundi.

Je ne trouvais rien à dire. Je savais exactement ce qu'il pensait du bureau. Je ne sais pas quand j'ai été si mal à l'aise. C'était comme traîner dans les parages pour essayer de faire la conversation à un copain qui vient d'être condamné à vingt ans de prison in quod.

Et puis une voix apaisante rompit le silence.

"Si je pouvais faire une suggestion, monsieur!"

C'était Jeeves. Il avait glissé hors de l'ombre et regardait le tableau d'un air grave. Ma parole, je ne peux pas vous donner une meilleure idée de l'effet bouleversant de l'oncle de Corky, Alexander, en action qu'en disant qu'il m'avait absolument fait oublier pour l'instant que Jeeves était là.

« Je me demande si je vous ai déjà parlé, monsieur, d'un certain M. Digby Thistleton , avec qui j'étais autrefois en service ? Peut-être l'avez-vous rencontré ? C'était un financier. Il est maintenant Lord Bridgnorth . C'était un de ses dictons favoris selon lequel il y a toujours un moyen. La première fois que je l'ai entendu utiliser cette expression, c'était après l'échec d'un brevet dépilatoire dont il faisait la promotion.

"Jeeves," dis-je, " de quoi diable parles-tu?"

« J'ai mentionné M. Thistleton , monsieur, parce que son cas était à certains égards parallèle au cas présent. Son épilation échoua, mais il ne désespéra pas. Il l'a remis sur le marché sous le nom de Hair-o, garantissant une récolte complète de cheveux en quelques mois. Cela a été annoncé, si vous vous en souvenez, monsieur, par une image humoristique d'une boule de billard, avant et après la prise, et a rapporté une fortune si importante que M. Thistleton a été élevé peu après à la pairie pour services rendus à son parti. Il me semble que si M. Corcoran se penche sur la question, il constatera, comme M. Thistleton , qu'il y a toujours un moyen. M. Worple lui-même a suggéré la solution de la difficulté. Dans le feu de l'action, il compara le portrait à un extrait d'un supplément de bande dessinée en couleur . Je considère cette suggestion comme très intéressante, monsieur. Le portrait de M. Corcoran n'a peut-être pas plu à M. Worple car il ressemble à son unique enfant, mais je suis convaincu que les éditeurs le considéreraient volontiers comme la base d'une série de dessins humoristiques. Si M. Corcoran me permet de faire cette suggestion, son talent a toujours été pour l'humour. Il y a quelque chose dans ce tableau, quelque chose d'audacieux et de vigoureux, qui retient l'attention. Je suis sûr que ce serait très populaire.

Corky regardait la photo du regard et faisait une sorte de bruit de succion sec avec sa bouche. Il semblait complètement dépassé.

Et puis, tout à coup, il se mit à rire d'une manière folle.

"Corky, vieil homme!" Dis-je en le massant tendrement. Je craignais que le pauvre fléau ne soit hystérique.

Il commença à chanceler partout sur le sol.

"Il a raison! Cet homme a tout à fait raison ! Jeeves, tu es une bouée de sauvetage ! Vous avez trouvé la plus grande idée de l'époque ! Présentation au bureau lundi ! Commencez par le bas de l'entreprise ! J'achèterai l'entreprise si j'en ai envie. Je connais l'homme qui dirige la section BD du *Sunday Star*. Il va manger ce truc. Il me disait l'autre jour à quel point il était difficile de créer une bonne nouvelle série. Il me donnera tout ce que je demande pour un vrai gagnant comme celui-ci. J'ai une mine d'or. Où est mon chapeau ? J'ai un revenu à vie ! Où est ce foutu chapeau ? Prête-moi cinq dollars, Bertie. Je veux prendre un taxi jusqu'à Park Row !

Jeeves sourit paternellement. Ou plutôt, il avait une sorte de spasme musculaire paternel au niveau de la bouche, ce qui se rapproche le plus du sourire.

« Si je peux vous faire une suggestion, M. Corcoran, pour le titre de la série que vous avez en tête : « Les Aventures de Bébés Blobbs ». »

Corky et moi avons regardé la photo, puis l'un l'autre avec admiration. Jeeves avait raison. Il ne pouvait y avoir d'autre titre.

"Jeeves," dis-je. C'était quelques semaines plus tard, et je venais tout juste de finir de consulter la section BD du *Sunday Star*. «Je suis optimiste. J'ai toujours été. Plus je vieillis, plus je suis d'accord avec Shakespeare et ces poètes Johnnies sur le fait qu'il fait toujours le plus sombre avant l'aube et qu'il y a une lueur d'espoir et que ce qu'on perd sur les balançoires, on le rattrape sur les ronds-points. Regardez M. Corcoran, par exemple. Il y avait un type, aurait-on dit, clair jusqu'aux sourcils dans la soupe. Selon toute apparence, il l'avait eu en plein dans le cou. Pourtant, regardez-le maintenant. Avez-vous vu ces photos ?

« J'ai pris la liberté de les examiner avant de vous les apporter, monsieur. Extrêmement divertissant.

"Ils ont fait un grand succès, vous savez."

"Je m'y attendais, monsieur."

Je m'appuyai contre les oreillers.

« Tu sais, Jeeves, tu es un génie. Vous devriez toucher une commission sur ces choses-là.

« Je n'ai rien à redire à cet égard, monsieur. M. Corcoran a été très généreux. Je sors le costume marron, monsieur.

"Non, je pense que je porterai le bleu avec une légère rayure rouge."

"Pas le bleu avec la légère bande rouge, monsieur."

"Mais je m'imagine plutôt dedans."

"Pas le bleu avec la légère bande rouge, monsieur."

"Oh, très bien, faites comme vous le souhaitez."

"Tres bien Monsieur. Merci Monsieur."

Bien sûr, je sais que c'est aussi grave que de se faire picorer ; mais alors Jeeves a toujours raison. Vous devez y réfléchir, vous savez. Quoi?

JEEVES ET L'INVITÉ NON INVITÉ

Je ne suis pas absolument certain de mes faits, mais j'imagine plutôt que c'est Shakespeare – ou, à défaut, un garçon tout aussi intelligent – qui dit que c'est toujours juste lorsqu'un type se sent particulièrement au top et plus que d'habitude préparé à des choses en général que le destin se faufile derrière lui avec un peu de plomb. Il ne fait aucun doute que cet homme a raison. C'est absolument comme ça avec moi. Prenez, par exemple, l'affaire plutôt ramassée de Lady Malvern et de son fils Wilmot. Un instant avant leur arrivée, je pensais à quel point tout allait bien.

C'était une de ces matinées bien remplies, et je venais tout juste de sortir de la douche froide, me sentant comme un enfant de deux ans. En fait, j'étais particulièrement contrarié à ce moment-là parce que la veille, je m'étais affirmé auprès de Jeeves – je m'étais absolument affirmé, vous ne savez pas. Voyez-vous, au train où allaient les choses, je devenais rapidement un serf déçu. Cet homme m'avait bel et bien opprimé. Cela ne m'a pas vraiment dérangé lorsqu'il m'a fait abandonner l'un de mes nouveaux costumes, car le jugement de Jeeves sur les costumes est solide. Mais je me suis presque rebellé quand il ne m'a pas laissé porter une paire de bottes en tissu que j'aimais comme un couple de frères. Et quand il a essayé de me marcher dessus comme un ver à propos d'un chapeau, j'ai volontiers mis le pied à terre et lui ai montré qui était qui. C'est une longue histoire, et je n'ai pas le temps de vous la raconter maintenant, mais le fait est qu'il voulait que je porte le Longacre – tel que porté par John Drew – alors que j'avais jeté mon dévolu sur le Country Gentleman – tel que porté par un autre. le célèbre acteur Chappie — et finalement, après une scène assez pénible, j'achetais le Country Gentleman. Voilà donc comment les choses se passaient ce matin-là, et je me sentais plutôt viril et indépendant.

Eh bien, j'étais dans la salle de bain, me demandant ce qu'il y aurait pour le petit-déjeuner pendant que je massais la bonne vieille colonne vertébrale avec une serviette rugueuse et chantais légèrement, quand on frappa à la porte. J'ai arrêté de chanter et j'ai ouvert la porte d'un pouce.

"Qu'est-ce que c'est sans là!"

"Lady Malvern souhaite vous voir, monsieur", a déclaré Jeeves.

"Hein?"

« Dame Malvern, monsieur. Elle attend dans le salon.

«Ressaisissez-vous, Jeeves, mon homme», dis-je assez sévèrement, car j'interdis les blagues pratiques avant le petit-déjeuner. « Tu sais bien que personne ne m'attend dans le salon. Comment pourrait-il y en avoir alors qu'il est à peine dix heures ?

"J'ai appris de Madame, monsieur, qu'elle avait débarqué d'un paquebot tôt ce matin."

Cela a rendu la chose un peu plus plausible. Je me souvenais que lorsque j'étais arrivé en Amérique environ un an auparavant, les débats avaient commencé à une heure horrible, comme six heures, et que j'avais été abattu sur une côte étrangère bien avant huit heures.

"Qui diable est Lady Malvern, Jeeves?"

"Sa Seigneurie ne m'a pas fait confiance, monsieur."

"Est-elle seule?"

« Sa Seigneurie est accompagnée d'un Lord Pershore , monsieur. J'imagine que Sa Seigneurie serait le fils de Madame.

"Oh, eh bien, sortez des vêtements riches, et je m'habillerai."

"Notre salon de mélange de bruyère est prêt, monsieur."

« Alors conduis-moi à cela. »

Pendant que je m'habillais, j'essayais de penser à qui diable pouvait être Lady Malvern. Ce n'est que lorsque j'ai grimpé par le haut de ma chemise et que j'ai tendu la main vers les clous que je me suis souvenu.

«Je l'ai placée, Jeeves. C'est une amie de ma tante Agatha.

"En effet, monsieur?"

"Oui. Je l'ai rencontrée au déjeuner un dimanche avant de quitter Londres. Un spécimen très vicieux. Écrit des livres. Elle a écrit un livre sur les conditions sociales en Inde à son retour du Durbar.

"Oui Monsieur? Pardonnez-moi, monsieur, mais pas cette cravate !

"Hein?"

"Pas ce lien avec le salon aux mélanges de bruyère, monsieur!"

Cela a été un choc pour moi. Je pensais avoir réprimé cet individu. C'était plutôt un moment solennel. Ce que je veux dire, c'est que si je m'affaiblissais maintenant, tout mon bon travail de la nuit précédente serait gâché. Je me suis préparé.

« Qu'est-ce qui ne va pas avec cette cravate ? Je t'ai déjà vu lui jeter un regard méchant. Parlez comme un homme ! Qu'est ce qu'il se passe avec ça?"

"Trop orné, monsieur."

"Absurdité! Un rose joyeux. Rien de plus."

"Inadapté, monsieur."

"Jeeves, c'est la cravate que je porte!"

"Tres bien Monsieur."

Tiret désagréable. Je pouvais voir que l'homme était blessé. Mais j'étais ferme. J'ai noué la cravate, j'ai enfilé l'habit et le gilet et je suis entré dans le salon.

« Salut ! Salut ! Salut ! » J'ai dit. "Quoi?"

« Ah ! Comment allez-vous, M. Wooster ? Vous n'avez jamais rencontré mon fils, Wilmot, je crois ? Motty, chérie, voici M. Wooster.

Lady Malvern était une sorte de femme courageuse, heureuse, en bonne santé et autoritaire, pas très grande mais compensant cela en mesurant environ six pieds du PO au Prompt Side. Elle s'est installée dans mon plus grand fauteuil comme si celui-ci avait été construit autour d'elle par quelqu'un qui savait qu'ils portaient des fauteuils serrés aux hanches cette saison-là. Elle avait des yeux brillants et exorbités et beaucoup de cheveux jaunes, et lorsqu'elle parlait, elle montrait environ cinquante-sept dents de devant. Elle faisait partie de ces femmes qui engourdissent les facultés des gens. Elle m'a donné l'impression d'avoir dix ans et d'avoir été amenée au salon dans mes habits du dimanche pour me dire bonjour . Ce n'est en aucun cas le genre de chose qu'un type souhaiterait trouver dans son salon avant le petit-déjeuner.

Motty, le fils, avait environ vingt-trois ans, grand, mince et d'apparence douce. Il avait les mêmes cheveux jaunes que sa mère, mais il les portait plaqués et séparés au milieu. Ses yeux étaient également exorbités, mais ils n'étaient pas brillants. Ils étaient d'un gris terne avec des bords roses. Son menton avait abandonné la lutte à mi-hauteur et il ne semblait pas avoir de cils. En bref, une sorte de fléau doux, furtif et penaud.

"Très heureux de te voir," dis-je. « Alors tu es passé, hein ? Vous faites un long séjour en Amérique ?

"Environ un mois. Votre tante m'a donné votre adresse et m'a dit d'être sûr et de vous appeler.

J'étais heureux d'entendre cela, car cela montrait que tante Agathe commençait à reprendre un peu ses esprits. Il y avait eu quelques désagréments un an auparavant, lorsqu'elle m'avait envoyé à New York pour dégager ma cousine Gussie des griffes d'une fille sur la scène du music-hall. Quand je vous dirai qu'au moment où j'avais terminé mes opérations, Gussie avait non seulement épousé la jeune fille, mais était lui-même monté sur scène et se portait bien, vous comprendrez que tante Agatha était très bouleversée. Je n'avais tout simplement pas osé retourner lui faire face, et c'était un soulagement de constater que le temps avait suffisamment cicatrisé la blessure et tout ce genre de choses pour qu'elle dise à ses amis de me chercher. Ce que je veux dire, c'est que, même si j'aimais l'Amérique, je ne voulais pas que l'Angleterre me soit interdite pour le reste de mes études naturelles ; et, croyez-moi, l'Angleterre est un spectacle joyeux, trop petit pour que quiconque puisse y vivre avec tante Agatha, si elle est vraiment sur le sentier de la guerre. Alors je me suis préparé à entendre ces paroles aimables et j'ai souri chaleureusement à l'assemblée.

"Ta tante a dit que tu ferais tout ce qui était en ton pouvoir pour nous aider."

"Plutôt? Ah plutôt ! Absolument!"

"Merci beaucoup. Je veux que tu héberges ce cher Motty pendant un petit moment.

Je n'ai pas compris pendant un moment.

« L'héberger ? Pour mes clubs ?

"Non non! Darling Motty est essentiellement un oiseau domestique. N'est-ce pas, Motty chéri ?

Motty, qui suçait le pommeau de son bâton, déboucha lui-même.

"Oui, maman", dit-il en se bouchant à nouveau.

« Je n'aimerais pas qu'il appartienne à des clubs. Je veux dire, mettez-le ici. Demandez-lui de vivre avec vous pendant mon absence.

Ces paroles effrayantes coulaient d'elle comme du miel. La femme ne semblait tout simplement pas comprendre la nature horrible de sa proposition. J'ai donné à Motty le mouvement rapide d'est en ouest. Il était assis, la bouche blottie contre le bâton, clignant des yeux vers le mur. L'idée d'avoir cela sur moi pour une durée indéterminée m'a consterné. Cela m'a absolument consterné, tu ne sais pas. Je commençais juste à dire que le coup n'était pas sur la planche à tout prix, et que le premier signe que Motty faisait pour essayer de se nicher dans ma petite maison, je criais à la police, quand elle continuait en se roulant placidement sur moi. , comme c'était.

Il y avait quelque chose chez cette femme qui sapait la volonté d'un type .

« Je quitte New York par le train de midi, car je dois visiter la prison de Sing-Sing. Je suis extrêmement intéressé par les conditions de détention en Amérique. Ensuite, je progresse progressivement vers la côte, en visitant les points d'intérêt du voyage. Vous voyez, M. Wooster, je suis en Amérique principalement pour affaires. Sans doute avez-vous lu mon livre, *L'Inde et les Indiens* ? Mes éditeurs ont hâte que j'écrive un volume complémentaire sur les États-Unis. Je ne pourrai pas passer plus d'un mois à la campagne, car je dois rentrer pour la saison, mais un mois devrait suffire. J'étais moins d'un mois en Inde, et mon cher ami Sir Roger Cremorne a écrit son *Amérique de l'intérieur* après un séjour de seulement deux semaines. J'adorerais emmener ce cher Motty avec moi, mais le pauvre garçon devient tellement malade quand il voyage en train. Je devrai le récupérer à mon retour.

D'où j'étais assis, je pouvais voir Jeeves dans la salle à manger, dressant la table du petit-déjeuner. J'aurais aimé pouvoir passer une minute seule avec lui. J'étais certain qu'il aurait été capable de penser à un moyen de mettre un terme à cette femme.

« Ce sera un tel soulagement de savoir que Motty est en sécurité avec vous, M. Wooster. Je sais quelles sont les tentations d'une grande ville. Jusqu'à présent, le cher Motty a été mis à l'abri d'eux. Il a vécu tranquillement avec moi à la campagne. Je sais que vous prendrez soin de lui avec soin, M. Wooster. Il ne posera que très peu de problèmes. Elle parlait du pauvre fléau comme s'il n'était pas là. Cela ne semblait pas déranger Motty. Il avait arrêté de mâcher sa canne et restait assis là, la bouche ouverte. « Il est végétarien et abstinent et se consacre à la lecture. Donnez-lui un beau livre et il sera très content. Elle se leva. « Merci beaucoup, M. Wooster ! Je ne sais pas ce que j'aurais dû faire sans votre aide. Viens, Motty ! Nous avons juste le temps de visiter quelques sites touristiques avant le départ de mon train. Mais je devrai compter sur toi pour la plupart de mes informations sur New York, chérie. Assurez-vous de garder les yeux ouverts et de noter vos impressions ! Ce sera d'une grande aide. Au revoir, M. Wooster. Je renverrai Motty en début d'après-midi.

Ils sont sortis et j'ai hurlé pour Jeeves.

« Mon Dieu ! Et ça ?

"Monsieur?"

« Que faut-il faire ? Vous avez tout entendu, n'est-ce pas ? Vous étiez dans la salle à manger la plupart du temps. Cette pilule va rester ici.

"Pilule, monsieur?"

"L'excroissance."

"Je vous demande pardon, monsieur?"

J'ai regardé Jeeves attentivement. Ce genre de chose ne lui ressemblait pas. C'était comme s'il essayait délibérément de me donner le pip. Puis j'ai compris. L'homme était vraiment contrarié par cette cravate. Il essayait de récupérer le sien.

« Lord Pershore restera ici à partir de ce soir, Jeeves, » dis-je froidement.

"Tres bien Monsieur. Le petit déjeuner est prêt, monsieur.

J'aurais pu sangloter dans les œufs et le bacon. C'est le fait qu'il n'y avait aucune sympathie à obtenir de Jeeves qui a mis le couvercle sur le sujet. Pendant un moment, j'ai failli m'affaiblir et lui ai dit de détruire le chapeau et la cravate s'il ne les aimait pas, mais je me suis ressaisi. J'étais déçu si je devais laisser Jeeves me traiter comme un gang de chaîne à un seul homme !

Mais, entre ruminer sur Jeeves et ruminer sur Motty, j'étais dans un état assez réduit. Plus j'examinais la situation, plus elle se détériorait. Je ne pouvais rien faire. Si je jetais Motty dehors, il en ferait rapport à sa mère, qui le transmettrait à tante Agatha, et je n'aimais pas penser à ce qui se passerait alors. Tôt ou tard, j'aurais envie de retourner en Angleterre, et je ne voulais pas y arriver et trouver tante Agatha qui m'attendait sur le quai avec une peau d'anguille en peluche . Il n'y avait absolument rien d'autre à faire que d'héberger ce type et d'en tirer le meilleur parti.

Vers midi, les bagages de Motty arrivèrent, et peu après un gros paquet de ce que je pris pour de beaux livres. Je me suis un peu égayé quand je l'ai vu. C'était un de ces colis massifs et il semblait qu'il y en avait assez pour occuper le garçon pendant un an. Je me sentis un peu plus gai, je pris mon chapeau de Country Gentleman, le mis sur ma tête, tournai la cravate rose et sortis prendre un déjeuner avec un ou deux garçons d'une hôtellerie voisine ; et avec une excellente navigation, une excellente conversation, des conversations joyeuses et ainsi de suite, l'après-midi s'est passé plutôt joyeusement. À l'heure du dîner, j'avais presque oublié l'existence de Motty.

J'ai dîné au club et j'ai ensuite assisté à un spectacle, et ce n'est qu'assez tard que je suis rentré à l'appartement. Il n'y avait aucun signe de Motty et j'ai supposé qu'il s'était couché.

Il me semblait cependant que le paquet de jolis livres était toujours là, avec la ficelle et le papier dessus. On aurait dit que Motty, après avoir accompagné sa mère à la gare, avait décidé de mettre fin à cette journée.

Jeeves est arrivé avec le whisky et le soda du soir. Je pouvais dire à l'attitude du type qu'il était toujours bouleversé.

« Lord Pershore est allé se coucher, Jeeves ? Ai-je demandé, avec une hauteur réservée et ainsi de suite.

"Non monsieur. Sa seigneurie n'est pas encore revenue.

« Vous n'êtes pas revenu ? Que veux-tu dire?"

« Sa Seigneurie est arrivée peu après six heures trente et, après s'être habillée, elle est repartie. »

A ce moment, il y eut un bruit devant la porte d'entrée, une sorte de bruit de grattage, comme si quelqu'un essayait de se frayer un chemin à travers les boiseries. Puis une sorte de bruit sourd.

"Tu ferais mieux d'aller voir ce que c'est, Jeeves."

"Tres bien Monsieur."

Il est sorti et est revenu.

"Si cela ne vous dérange pas de passer par ici, monsieur, je pense que nous pourrions peut-être le faire entrer."

« Le porter ? »

"Sa Seigneurie est allongée sur la natte, monsieur."

Je suis allé à la porte d'entrée. L'homme avait raison. Il y avait Motty blotti dehors sur le sol. Il gémissait un peu.

— Il a eu une sorte de crise, dis-je. J'ai jeté un autre coup d'œil. « Mon Dieu ! Quelqu'un lui a donné de la viande !

"Monsieur?"

« Il est végétarien, tu sais. Il devait être en train de dévorer un steak ou quelque chose comme ça. Appelez un médecin !

« Je ne pense pas que ce soit nécessaire, monsieur. Si vous pouviez prendre les jambes de Sa Seigneurie, pendant que je… »

« Super Écossais, Jeeves ! Vous ne pensez pas… il ne peut pas être… »

"J'ai tendance à le penser, monsieur."

Et, par Jupiter, il avait raison ! Une fois sur la bonne voie, on ne peut pas se tromper. Motty était sous la surface.

Ce fut un véritable choc.

"On ne peut jamais le savoir, Jeeves!"

"Très rarement, monsieur."

« Enlevez l'œil de l'autorité et où es-tu ? »

"Précisément, monsieur."

"Où est mon garçon errant ce soir et tout ce genre de choses, quoi ?"

"Il semblerait que oui, monsieur."

"Eh bien, nous ferions mieux de le faire venir, hein ?"

"Oui Monsieur."

Nous l'avons donc trimballé, Jeeves l'a mis au lit, j'ai allumé une cigarette et je me suis assis pour réfléchir. J'ai eu une sorte de pressentiment. Il me semblait que je m'étais laissé tenter par quelque chose d'assez rock.

Le lendemain matin, après avoir avalé une tasse de thé réfléchie, je suis allé dans la chambre de Motty pour enquêter. Je m'attendais à trouver ce type en ruine, mais il était là, assis dans son lit, assez joyeux, lisant des histoires de Gingery.

"Qu'est-ce que ho!" J'ai dit.

"Qu'est-ce que ho!" dit Motty.

«Qu'est-ce que ho! Quoi putain ! »

«Qu'est-ce que ho! Quoi ho! Quoi putain ! »

Après cela, il semblait plutôt difficile de poursuivre la conversation.

« Comment te sens-tu ce matin ? » J'ai demandé.

"Garniture!" » répondit Motty allègrement et avec abandon. « Je dis, vous savez, votre type – Jeeves, vous savez – est un boucher. J'ai eu un mal de tête des plus affreux à mon réveil, et il m'a apporté une sorte de boisson noire au rami, et cela m'a immédiatement remis sur pied. Il a dit que c'était sa propre invention. Je dois voir davantage ce garçon. Il me semble clairement qu'il fait partie de ceux-là !

Je ne pouvais pas croire que c'était le même fléau qui s'était assis et avait sucé son bâton la veille.

"Tu as mangé quelque chose qui ne te plaisait pas hier soir, n'est-ce pas ?" Dis-je, pour lui donner une chance de s'en sortir s'il le voulait. Mais il ne l'aurait pas, à aucun prix.

"Non!" » répondit-il fermement. «Je n'ai rien fait de tel. J'ai trop bu! Beaucoup trop. Beaucoup, beaucoup trop ! Et en plus, je vais recommencer ! Je vais le faire tous les soirs. Si jamais tu me vois sobre, mon vieux, dit-il avec une sorte de sainte exaltation, tape-moi sur l'épaule et dis : « Mais ! Eh bien ! et je m'excuserai et remédierai au défaut.

"Mais je dis, tu sais, et moi ?"

"Et toi?"

« Eh bien, je suis pour ainsi dire, en quelque sorte, responsable de vous. Ce que je veux dire, c'est que si vous faites ce genre de choses, je risque de me mettre un peu dans la soupe.

"Je ne peux pas résoudre vos problèmes", dit Motty fermement. « Écoute-moi, mon vieux : c'est la première fois de ma vie que j'ai une réelle chance de céder aux tentations d'une grande ville. À quoi sert une grande ville d'avoir des tentations si les gens n'y cèdent pas ? C'est tellement décourageant pour une grande ville. En plus, ma mère m'a dit de garder les yeux ouverts et de recueillir des impressions.

Je m'assis sur le bord du lit. Je me sentais étourdi.

"Je sais exactement ce que tu ressens, mon vieux," dit Motty pour le consoler. « Et si mes principes le permettaient, je me calmerais pour votre bien. Mais le devoir avant tout ! C'est la première fois qu'on me laisse sortir seul et je compte bien en profiter au maximum. Nous ne sommes jeunes qu'une fois. Pourquoi interférer avec le matin de la vie ? Jeune homme, réjouis-toi de ta jeunesse ! Tra -la! Quoi putain ! »

Dit comme ça, cela semblait raisonnable.

« Toute ma vie, mon cher garçon, poursuivit Motty, j'ai été enfermé dans la maison ancestrale de Much Middlefold , dans le Shropshire , et jusqu'à ce que tu sois enfermé à Much Middlefold, tu ne sais pas ce que c'est que d'être enfermé. est! Le seul moment où nous sommes excités, c'est lorsqu'un des enfants de chœur est surpris en train de sucer du chocolat pendant le sermon. Quand cela arrive, nous en parlons pendant des jours. J'ai environ un mois à New York et je compte bien garder quelques souvenirs heureux pour les longues soirées d'hiver. C'est ma seule chance de récupérer un passé, et je vais le faire. Maintenant, dis-moi, vieux sport, d'homme à homme, comment peut-on entrer en contact avec ce très décent gars de Jeeves ? Est-ce qu'on sonne une cloche ou qu'on crie un peu ? J'aimerais discuter du sujet d'un bon bébé bien raide. avec lui!"

J'avais eu une sorte d'idée vague, vous ne savez pas, que si je restais près de Motty et que je me promenais avec lui, je pourrais un peu freiner la gaieté. Ce que je veux dire, c'est que je pensais que si, alors qu'il était l'âme et la vie de la fête, il croisait mon regard réprobateur, il pourrait faciliter un peu les réjouissances. Alors le lendemain soir, je l'ai emmené souper avec moi. C'était la dernière fois. Je suis un type tranquille et paisible qui a vécu toute sa vie à Londres et je ne supporte pas le rythme que me imposent ces sportifs rapides des zones rurales. Ce que je veux dire, c'est que je suis pour le plaisir rationnel, etc., mais je pense qu'un bonhomme se fait remarquer lorsqu'il jette des œufs à la coque sur le ventilateur électrique. Et la gaieté décente et tout ce genre de choses, c'est bien, mais je fais des danses de bar sur les tables et je dois me précipiter partout en évitant les serveurs, les gérants et les chuckers , juste au moment où vous voulez rester assis et digérer.

Dès que j'ai réussi à m'arracher ce soir-là et à rentrer chez moi, j'ai décidé que c'était plutôt bien la dernière fois que je suis sorti avec Motty. La seule fois où je l'ai rencontré tard dans la nuit, c'était une fois lorsque je passais devant la porte d'un restaurant assez bas de gamme et que j'avais dû m'écarter pour l'esquiver alors qu'il naviguait dans les airs *en route* vers le trottoir opposé, avec un une sorte de type musclé qui le regardait avec une sorte de satisfaction sombre.

D'une certaine manière, je ne pouvais m'empêcher de sympathiser avec ce type. Il avait environ quatre semaines pour passer du bon temps qui aurait dû s'étaler sur une dizaine d'années, et je ne m'étonne pas qu'il veuille être très occupé. J'aurais dû être pareil à sa place. Pourtant, il était indéniable qu'il était un peu épais. S'il n'y avait pas eu en arrière-plan la pensée de Lady Malvern et de tante Agatha, j'aurais considéré le travail rapide de Motty avec un sourire indulgent. Mais je ne pouvais pas me débarrasser du sentiment que, tôt ou tard, j'étais le garçon à qui il était prévu de le mettre derrière l'oreille. Et à force de ruminer cette perspective, de rester assis dans le vieil appartement à attendre le pas familier, de le coucher au lit quand il arrivait, et de me faufiler dans la chambre des malades' le lendemain matin pour contempler les décombres, je commençais à perdre poids. Devenant absolument la bonne vieille ombre, je vous donne ma parole honnête. À partir de bruits soudains et ainsi de suite.

Et aucune sympathie de la part de Jeeves. C'est ce qui m'a coupé le souffle. L'homme était toujours très préoccupé par son chapeau et sa cravate et ne voulait tout simplement pas se rallier. Un matin, j'avais tellement envie d'être réconforté que j'ai fait couler la fierté des Wooster et j'ai fait appel au camarade direct.

"Jeeves," dis-je, "ça devient un peu épais!"

"Monsieur?" Affaires et respect froid.

"Vous savez ce que je veux dire. Ce garçon semble avoir abandonné tous les principes d'une enfance bien remplie. Il l'a dans le nez !

"Oui Monsieur."

« Eh bien, je serai blâmé, vous ne savez pas. Tu sais ce qu'est ma tante Agatha !

"Oui Monsieur."

"Très bien alors."

J'ai attendu un moment, mais il n'a pas voulu se déplier.

"Mon Dieu," dis-je, "n'as-tu pas un plan en tête pour faire face à ce fléau ?"

"Non monsieur."

Et il se dirigea vers son antre. Diable obstiné ! Tellement absurde, tu ne sais pas. Ce n'était pas comme s'il y avait quelque chose qui n'allait pas avec ce chapeau Country Gentleman. Ce fut un effort remarquablement inestimable et très admiré par les gars. Mais juste parce qu'il préférait le Longacre, il m'a laissé à plat.

C'est peu de temps après que le jeune Motty a eu l'idée de ramener des copains au petit matin pour continuer les réjouissances gays à la maison. C'est là que j'ai commencé à craquer sous la tension. Vous voyez, le quartier de la ville où je vivais n'était pas le bon endroit pour ce genre de choses. Je connaissais beaucoup de gars du côté de Washington Square qui commençaient la soirée vers 2 heures du matin – des artistes, des écrivains et ainsi de suite, qui gambadaient considérablement jusqu'à ce qu'ils soient arrêtés par l'arrivée du lait du matin. Tout allait bien. Ils aiment ce genre de choses là-bas. Les voisins ne peuvent pas dormir à moins que quelqu'un danse des danses hawaïennes au-dessus de leurs têtes. Mais dans la Cinquante-septième Rue, l'ambiance n'était pas bonne, et quand Motty arriva à trois heures du matin avec une bande de gars chaleureux, qui n'arrêtèrent de chanter leur chanson d'université que lorsqu'ils commencèrent à chanter « The Old Oaken Bucket », il y eut une maussade marquée parmi les vieux colons des appartements. La direction était extrêmement laconique au téléphone à l'heure du petit-déjeuner et prenait beaucoup de réconfort.

Le lendemain soir, je suis rentré tôt, après un dîner solitaire dans un endroit que j'avais choisi parce qu'il ne semblait y avoir aucune chance d'y rencontrer Motty. Le salon était assez sombre, et j'étais sur le point d'allumer la lumière, quand il y eut une sorte d'explosion et quelque chose me saisit par la jambe de mon pantalon. Vivre avec Motty m'avait tellement réduit que j'étais tout simplement incapable de faire face à cette chose. J'ai bondi en arrière avec un grand cri d'angoisse et je suis tombé dans le couloir juste au moment où Jeeves sortait de sa tanière pour voir ce qui se passait.

"Avez-vous appelé, monsieur?"

« Mon Dieu ! Il y a quelque chose là-dedans qui vous attrape par la jambe ! »

"Ce serait Rollo, monsieur."

"Hein?"

"Je vous aurais prévenu de sa présence, mais je ne vous ai pas entendu entrer. Son caractère est un peu incertain en ce moment, car il n'est pas encore installé."

"Qui diable est Rollo?"

« Le bull-terrier de Sa Seigneurie, monsieur. Sa Seigneurie l'a gagné à un tirage au sort et l'a attaché au pied de la table. Si vous me le permettez, monsieur, j'entrerai et j'allumerai la lumière.

Il n'y a vraiment personne comme Jeeves. Il entra directement dans le salon, le plus grand exploit depuis Daniel et la fosse aux lions, sans frémir. De plus, son magnétisme ou peu importe comment on l'appelle était tel que l'animal précipité, au lieu de le coincer par la jambe, se calma comme s'il avait bu un bromure et se retourna sur le dos avec toutes ses pattes en l'air. Si Jeeves avait été son oncle riche, il n'aurait pas pu être plus ami . Pourtant, dès qu'il m'a aperçu à nouveau, il s'est énervé et semblait n'avoir qu'une seule idée dans la vie : recommencer à me mâcher là où il s'était arrêté.

"Rollo n'est pas encore habitué à vous, monsieur", dit Jeeves en regardant le quadrupède Bally avec admiration. "C'est un excellent chien de garde."

"Je ne veux pas qu'un chien de garde m'empêche d'entrer dans ma chambre."

"Non monsieur."

"Eh bien, que dois-je faire?"

« Il ne fait aucun doute qu'avec le temps, l'animal apprendra à faire de la discrimination, monsieur. Il apprendra à distinguer votre odeur particulière.

« Que veux-tu dire par mon odeur particulière ? Corrigez l'impression que j'ai l'intention de traîner dans le hall pendant que la vie s'écoule, dans l'espoir qu'un de ces jours, cet animal frénétique décidera que je sens bon. J'ai réfléchi un peu. « Jeeves ! »

"Monsieur?"

« Je pars demain matin par le premier train. J'irai m'arrêter avec M. Todd à la campagne.

« Voulez-vous que je vous accompagne, monsieur ?

"Non."

"Tres bien Monsieur."

« Je ne sais pas quand je reviendrai. Envoyez mes lettres.

"Oui Monsieur."

En fait, j'étais de retour dans la semaine. Rocky Todd, l'ami chez qui je suis allé vivre, est un gars du genre rami qui vit tout seul dans la nature sauvage de Long Island et qui aime ça ; mais un peu de ce genre de choses me fait beaucoup de bien. Ce cher vieux Rocky est l'un des meilleurs, mais après quelques jours dans son cottage dans les bois, à des kilomètres de tout, New York, même avec Motty sur place, a commencé à me paraître plutôt bien. Les journées à Long Island durent quarante-huit heures ; vous n'arrivez pas à dormir la nuit à cause du beuglement des grillons ; et il faut marcher deux miles pour boire un verre et six pour lire le journal du soir. J'ai remercié

Rocky pour son aimable hospitalité et j'ai pris le seul train qu'ils ont dans ces régions. Cela m'a amené à New York à l'heure du dîner. Je suis allé directement à l'ancien appartement. Jeeves est sorti de son antre. Je cherchai prudemment Rollo autour de moi.

« Où est ce chien, Jeeves ? L'avez-vous attaché ?

« L'animal n'est plus là, monsieur. Sa Seigneurie le remit au portier qui le vendit. Sa Seigneurie a pris un préjugé contre l'animal parce qu'il avait été mordu par lui au mollet de la jambe.

Je ne pense pas avoir jamais été aussi contrarié par une nouvelle. J'avais l'impression d'avoir mal jugé Rollo. Evidemment, lorsqu'on a appris à mieux le connaître, il avait en lui beaucoup d'intelligence.

"Déchirant!" J'ai dit. « Est-ce que Lord Pershore est là, Jeeves ?

"Non monsieur."

"Tu l'attends à revenir dîner ?"

"Non monsieur."

"Où est-il?"

"En prison, monsieur."

Avez-vous déjà marché sur un râteau et vu le manche sauter et vous frapper ? C'est ce que j'ai ressenti à ce moment-là.

"En prison!"

"Oui Monsieur."

« Vous ne voulez pas dire… en prison ?

"Oui Monsieur."

Je me suis assis sur une chaise.

"Pourquoi?" J'ai dit.

"Il a agressé un agent de police, monsieur."

« Lord Pershore a agressé un agent de police ! »

"Oui Monsieur."

J'ai digéré ça.

« Mais, Jeeves, je dis ! C'est effrayant !

"Monsieur?"

« Que dira Lady Malvern quand elle le découvrira ?

"Je ne pense pas que Madame le saura, monsieur."

"Mais elle reviendra et voudra savoir où il se trouve."

« J'imagine plutôt, monsieur, que le peu de temps dont Sa Seigneurie aura besoin sera alors écoulé. »

"Mais supposons que ce ne soit pas le cas?"

— Dans ce cas, monsieur, il serait peut-être judicieux de tergiverser un peu.

"Comment?"

« Si je pouvais faire cette suggestion, monsieur, je devrais informer Sa Seigneurie que Sa Seigneurie est partie pour une courte visite à Boston.

"Pourquoi Boston?"

Centre très intéressant et respectable , monsieur."

"Jeeves, je crois que tu as réussi."

"J'en ai l'impression, monsieur."

«Eh bien, c'est vraiment la meilleure chose qui pouvait arriver. Si cela ne s'était pas produit pour l'en empêcher, le jeune Motty aurait été dans un sanatorium au moment où Lady Malvern est revenue.

"Exactement, monsieur."

Plus je le regardais ainsi, plus ce sifflement de prison me paraissait sonore. Il n'y avait aucun doute que la prison était exactement ce que le médecin avait ordonné pour Motty. C'était la seule chose qui aurait pu le relever. J'étais désolé pour ce pauvre fléau, mais, après tout, pensais-je, un type qui avait vécu toute sa vie avec Lady Malvern, dans un petit village de l'intérieur du Shropshire , n'aurait pas grand-chose à faire dans une prison. Dans l'ensemble, j'ai recommencé à me sentir absolument préparé. La vie est devenue comme ce que dit le poète Johnnie : une grande et douce chanson. Les choses se sont déroulées si confortablement et si paisiblement pendant quelques semaines que je vous donne ma parole que j'avais presque oublié l'existence d'une personne telle que Motty. Le seul défaut dans l'ordre des choses était que Jeeves était toujours peiné et distant. Ce n'était pas quelque chose qu'il disait ou faisait, remarquez, mais il y avait tout le temps quelque chose de rami chez lui. Un jour, alors que j'étais en train d'attacher la cravate rose, je l'ai aperçu dans le miroir. Il y avait une sorte de tristesse dans ses yeux.

Et puis Lady Malvern est revenue, un peu plus tôt que prévu. Je ne l'attendais pas depuis des jours. J'avais oublié à quel point le temps avait passé. Elle est arrivée un matin alors que j'étais encore au lit, en train de siroter du thé et de penser à ceci et à cela. Jeeves afflua en annonçant qu'il venait de la lâcher dans le salon. J'ai enroulé quelques vêtements autour de moi et je suis entré.

Elle était là, assise dans le même fauteuil, toujours aussi massive. La seule différence était qu'elle n'a pas découvert les dents, comme elle l'avait fait la première fois.

"Bonjour," dis-je. "Alors tu es revenu, quoi?"

"Je suis revenu."

Il y avait quelque chose de sombre dans son ton, un peu comme si elle avait avalé un vent d'est. J'ai supposé que cela était dû au fait qu'elle n'avait probablement pas pris de petit-déjeuner. Ce n'est qu'après un petit déjeuner que je suis capable de regarder le monde avec cette gaieté ensoleillée qui fait d'un homme le favori universel . Je ne suis jamais vraiment un garçon avant d'avoir englouti un œuf ou deux et un verre de café.

« Je suppose que vous n'avez pas déjeuné ?

"Je n'ai pas encore déjeuné."

« Tu ne veux pas un œuf ou quelque chose comme ça ? Ou une saucisse ou quelque chose comme ça ? Ou quelque chose?"

"Non, merci."

Elle parlait comme si elle appartenait à une société anti-saucisse ou à une ligue pour la suppression des œufs. Il y eut un petit silence.

«Je t'ai appelé hier soir», dit-elle, «mais tu étais absent.»

"Terriblement désolé! Vous avez passé un agréable voyage ?

"Extrêmement, merci."

"Tout voir? Les chutes du Niagara , le parc de Yellowstone et le joyeux vieux Grand Canyon, et que sais-je encore ?

"J'ai vu beaucoup de choses."

Il y eut un autre silence légèrement *frappé* . Jeeves flotta silencieusement dans la salle à manger et commença à dresser la table du petit-déjeuner.

« J'espère que Wilmot ne vous a pas gêné, M. Wooster ?

Je me demandais quand elle allait mentionner Motty.

« Plutôt pas ! Super les copains ! Frappez-le magnifiquement.

« Vous étiez donc son compagnon constant ? »

"Absolument! Nous étions toujours ensemble. J'ai vu tous les sites touristiques, tu ne sais pas. Nous allions au Musée d'Art le matin, déjeunions un peu dans un bon endroit végétarien, puis allions à un concert sacré dans l'après-midi et rentrions à la maison pour un dîner matinal. Nous jouions habituellement aux dominos après le dîner. Et puis le coucher tôt et le sommeil réparateur. Nous avons passé un bon moment. J'étais terriblement désolé quand il est parti à Boston.

"Oh! Wilmot est à Boston ?

"Oui. J'aurais dû te le dire, mais bien sûr, nous ne savions pas où tu étais. Vous esquiviez partout comme une bécassine – je veux dire, vous ne savez pas, vous esquiviez partout, et nous ne pouvions pas vous atteindre. Oui, Motty est parti à Boston.

« Tu es sûr qu'il est allé à Boston ? »

"Oh, absolument." J'ai appelé Jeeves, qui jouait maintenant dans la pièce voisine avec des fourchettes et ainsi de suite : « Jeeves, Lord Pershore n'a pas changé d'avis quant à son voyage à Boston, n'est-ce pas ?

"Non monsieur."

«Je pensais avoir raison. Oui, Motty est allé à Boston.

« Alors comment expliquez- vous , M. Wooster, le fait que, lorsque je suis allé hier après-midi à la prison de Blackwell's Island, pour obtenir du matériel pour mon livre, j'y ai vu le pauvre et cher Wilmot, vêtu d'un costume rayé, assis à côté d'une pile. des pierres avec un marteau à la main ?

J'ai essayé de trouver quelque chose à dire, mais rien n'est venu. Un Chappie doit avoir un front beaucoup plus large que moi pour supporter une secousse comme celle-ci. J'ai égoutté le vieux grain jusqu'à ce qu'il grince, mais entre le col et la raie des cheveux, rien ne bougeait. J'étais stupide. Ce qui était une chance, car je n'aurais pas eu la chance d'éliminer le persiflage de mon organisme. Lady Malvern a pris le contrôle de la conversation. Elle l'avait mis en bouteille, et maintenant le message sortit précipitamment :

« Voilà donc comment vous avez pris soin de mon pauvre et cher garçon, M. Wooster ! Voilà donc comment vous avez abusé de ma confiance ! Je l'ai laissé à votre charge, pensant pouvoir compter sur vous pour le protéger du mal. Il est venu vers vous innocent, ignorant des voies du monde, confiant, peu habitué aux tentations d'une grande ville, et vous l'avez égaré !

Je n'avais aucune remarque à faire. Tout ce à quoi je pouvais penser, c'était l'image de tante Agatha buvant tout cela et tendant la main pour aiguiser la hachette avant mon retour.

"Vous avez délibérément——"

Au loin, dans la brume, une voix douce parla :

"Si je peux vous expliquer, Votre Seigneurie."

Jeeves s'était projeté depuis la salle à manger et s'était matérialisé sur le tapis. Lady Malvern a essayé de le figer d'un regard, mais on ne peut pas faire ce genre de chose à Jeeves. Il est à l'épreuve des regards.

« J'imagine, Votre Seigneurie, que vous avez mal compris M. Wooster, et qu'il vous a peut-être donné l'impression qu'il était à New York lorsque Sa Seigneurie a été destituée. Lorsque M. Wooster a informé Votre Seigneurie que Sa Seigneurie était partie à Boston, il se basait sur la version que je lui avais donnée des mouvements de Sa Seigneurie. M. Wooster était alors absent, rendant visite à un ami à la campagne, et il n'était au courant de rien jusqu'à ce que Votre Seigneurie l'en informe.

Lady Malvern émit une sorte de grognement. Cela n'a pas ébranlé Jeeves.

"Je craignais que M. Wooster ne soit dérangé s'il connaissait la vérité, car il est si attaché à Sa Seigneurie et a pris tant de peine à prendre soin de lui, alors j'ai pris la liberté de lui dire que Sa Seigneurie était partie pour une visite. . Il aurait peut-être été difficile pour M. Wooster de croire que Sa Seigneurie était allée en prison volontairement et pour les meilleurs motifs, mais Votre Seigneurie, le connaissant mieux, comprendra facilement.

"Quoi!" Lady Malvern le regarda avec des yeux écarquillés. « Avez-vous dit que Lord Pershore est allé volontairement en prison ?

« Si je peux vous expliquer, Votre Seigneurie. Je pense que les mots d'adieu de Votre Seigneurie ont fait une profonde impression sur Sa Seigneurie. Je l'ai souvent entendu parler à M. Wooster de son désir de faire quelque chose pour suivre les instructions de Votre Seigneurie et rassembler des éléments pour le livre de Votre Seigneurie sur l'Amérique. M. Wooster me confirmera lorsque je dirai que Sa Seigneurie était souvent extrêmement déprimée à l'idée qu'il faisait si peu pour aider.

« Absolument, par Jupiter ! C'est assez énervé à ce sujet ! » J'ai dit.

« L'idée de procéder à un examen personnel du système pénitentiaire du pays – de l'intérieur – est venue très soudainement à Sa Seigneurie, une nuit. Il l'a embrassé avec empressement. Il n'y avait aucun moyen de le retenir.

Lady Malvern regarda Jeeves, puis moi, puis à nouveau Jeeves. Je pouvais la voir se débattre avec cette chose.

« Sûrement, Votre Seigneurie, » dit Jeeves, « il est plus raisonnable de supposer qu'un gentleman du caractère de Sa Seigneurie est allé en prison de son propre gré plutôt que qu'il ait commis une infraction à la loi qui a nécessité son arrestation ?

Lady Malvern cligna des yeux. Puis elle s'est levée.

"M. Wooster", a-t-elle déclaré, "Je m'excuse. Je t'ai fait une injustice. J'aurais dû mieux connaître Wilmot. J'aurais dû avoir plus confiance en son esprit pur et raffiné.

"Absolument!" J'ai dit.

"Votre petit-déjeuner est prêt, monsieur", a déclaré Jeeves.

Je me suis assis et j'ai traîné d'une manière hébétée avec un œuf poché.

"Jeeves," dis-je, "tu es certainement une bouée de sauvetage!"

"Merci Monsieur."

"Rien n'aurait convaincu ma tante Agatha que je n'avais pas attiré ce fléau dans une vie tumultueuse."

"Je pense que vous avez raison, monsieur."

J'ai mâché un peu mon œuf. J'ai été terriblement ému, vous ne savez pas, par la façon dont Jeeves s'était rallié. Quelque chose semblait me dire que c'était une occasion qui appelait de riches récompenses. J'ai hésité un moment. Ensuite, j'ai pris ma décision.

« Jeeves ! »

"Monsieur?"

"Cette cravate rose!"

"Oui Monsieur?"

"Brûle le!"

"Merci Monsieur."

"Et, Jeeves!"

"Oui Monsieur?"

« Prenez un taxi et apportez-moi ce chapeau Longacre, tel que porté par John Drew ! »

"Merci beaucoup monsieur."

Je me sentais terriblement préparé. J'avais l'impression que les nuages s'étaient dissipés et que tout était comme avant. Je me sentais comme l'un de ces gars des romans qui annulent la dispute avec sa femme dans le dernier chapitre et décident d'oublier et de pardonner. Je sentais que je voulais faire toutes sortes d'autres choses pour montrer à Jeeves que je l'appréciais.

"Jeeves," dis-je, "ce n'est pas suffisant. Y a-t-il autre chose que vous souhaiteriez ?

"Oui Monsieur. Si je puis me permettre, cinquante dollars.

"Cinquante dollars?"

«Cela me permettra de payer une dette d' honneur , monsieur. Je le dois à Sa Seigneurie.

« Vous devez cinquante dollars à Lord Pershore ?

"Oui Monsieur. Il m'est arrivé de le rencontrer dans la rue la nuit où Sa Seigneurie a été arrêtée. J'avais beaucoup réfléchi à la méthode la plus appropriée pour l'inciter à abandonner son mode de vie, monsieur. Sa Seigneurie était un peu surexcitée à ce moment-là et j'imagine qu'il m'a pris pour un de ses amis. En tout cas, lorsque j'ai pris la liberté de lui parier cinquante dollars qu'il ne frapperait pas dans l'œil un policier qui passait, il a accepté le pari très cordialement et l'a gagné.

J'ai sorti mon portefeuille et j'en ai compté une centaine.

"Prends ça, Jeeves," dis-je; « Cinquante, ce n'est pas suffisant. Savez-vous, Jeeves, que vous êtes… eh bien, vous êtes absolument seul ! »

"Je m'efforce de donner satisfaction, monsieur", a déclaré Jeeves.

JEEVES ET L'ŒUF DUR

Parfois, le matin, alors que j'étais assis dans mon lit, buvant ma première tasse de thé et regardant mon homme Jeeves se promener dans la pièce et sortir les vêtements de la journée, je me demandais ce que je devrais faire si l'homme il s'est déjà mis en tête de me quitter. Ce n'est pas si grave maintenant que je suis à New York, mais à Londres l'anxiété était effrayante. Il y avait toutes sortes de tentatives de la part de petits blighters pour l'éloigner de moi. Le jeune Reggie Foljambe, à ma connaissance, lui a offert le double de ce que je lui donnais, et Alistair Bingham-Reeves, qui a un valet de chambre connu pour écarter son pantalon, le regardait, quand il venait me voir, avec une sorte d'œil affamé et scintillant qui me dérangeait diablement. Pirates de Bally !

Le problème, voyez-vous, c'est que Jeeves est tellement compétent. Vous pouvez le repérer même à la façon dont il enfonce des clous dans une chemise.

Je compte absolument sur lui dans chaque crise et il ne me laisse jamais tomber. Et en plus, on peut toujours compter sur lui pour se défendre en faveur de n'importe lequel de mes amis qui se trouve, selon toute vraisemblance, jusqu'aux genoux dans le bouillon. Prenons par exemple le cas plutôt rami du cher vieux Bicky et de son oncle, l'œuf dur.

C'est arrivé après avoir passé quelques mois en Amérique. Je suis rentré à l'appartement un soir, et quand Jeeves m'a apporté le dernier verre, il a dit :

"M. Bickersteth est venu vous voir ce soir, monsieur, pendant votre absence.

"Oh?" J'ai dit.

« Deux fois, monsieur. Il semblait un peu agité.

"Quoi, piqué?"

"Il a donné cette impression, monsieur."

J'ai siroté le whisky. J'étais désolé si Bicky avait des ennuis, mais, en fait, j'étais plutôt heureux de pouvoir discuter librement de quelque chose avec Jeeves à ce moment-là, car les choses étaient un peu tendues entre nous depuis un certain temps, et cela avait été assez difficile de trouver quoi que ce soit à dire qui ne soit pas susceptible de prendre une tournure personnelle. Vous voyez, j'avais décidé – à tort ou à raison – de me laisser pousser la moustache et cela avait coupé Jeeves au vif. Il ne pouvait pas tenir le truc à tout prix, et je vivais depuis lors dans une atmosphère de désapprobation grossière jusqu'à ce que j'en ai vraiment marre. Ce que je veux dire, c'est que même s'il ne fait aucun doute que sur certaines questions vestimentaires, le jugement de Jeeves est absolument judicieux et doit être suivi, il m'a semblé que cela devenait un peu trop épais s'il voulait modifier mon visage ainsi que mon costume. . Personne ne peut me traiter de type déraisonnable , et j'ai souvent cédé comme un agneau lorsque Jeeves a voté contre l'un de mes costumes ou cravates pour animaux de compagnie ; mais quand il s'agit d'un valet de chambre qui revendique votre lèvre supérieure, vous devez simplement avoir un peu du bon vieux bouledogue et défier le fléau.

"Il a dit qu'il rappellerait plus tard, monsieur."

"Il doit se passer quelque chose, Jeeves."

"Oui Monsieur."

J'ai fait tourner la moustache de manière réfléchie. Cela a semblé faire beaucoup de mal à Jeeves, alors je l'ai jeté.

« Je vois par le journal, monsieur, que l'oncle de M. Bickersteth arrive sur le *Carmantic* .

"Oui?"

"Sa Grâce le duc de Chiswick , monsieur."

C'était une nouvelle pour moi que l'oncle de Bicky soit duc. Rhum, comme on sait peu de choses sur ses copains ! J'avais rencontré Bicky pour la première fois lors d'une sorte de beano ou jamboree à Washington Square, peu de temps après mon arrivée à New York. Je suppose que j'avais un peu le mal du pays à l'époque, et je me suis plutôt tourné vers Bicky lorsque j'ai découvert qu'il était Anglais et qu'il avait en fait été à Oxford avec moi. En plus, c'était un affreux idiot, alors nous avons naturellement dérivé ensemble ; et pendant que nous reniflions tranquillement dans un coin qui n'était pas encombré d'artistes, de sculpteurs et ainsi de suite, il s'est en outre fait aimer de moi par une imitation des plus extraordinairement douée d'un bull-terrier poursuivant un chat dans un arbre. . Mais, même si nous étions par la suite devenus extrêmement amis, tout ce que je savais de lui, c'était qu'il était généralement en difficulté et qu'il avait un oncle qui soulageait un peu la tension de temps en temps en lui envoyant des envois de fonds mensuels.

« Si le duc de Chiswick est son oncle, dis-je, pourquoi n'a-t-il pas de titre ? Pourquoi n'est-il pas Lord What-Not ?

"M. Bickersteth est le fils de la défunte sœur de Sa Grâce, monsieur, qui a épousé le capitaine Rollo Bickersteth des Coldstream Guards.

Jeeves sait tout.

« Le père de M. Bickersteth est-il mort aussi ?

"Oui Monsieur."

"Laisser de l'argent?"

"Non monsieur."

J'ai commencé à comprendre pourquoi le pauvre vieux Bicky était toujours plus ou moins sur les rochers. Pour l'observateur occasionnel et irréfléchi , si vous voyez ce que je veux dire, cela peut paraître plutôt plaisant d'avoir un duc pour oncle, mais le problème avec le vieux Chiswick était que, bien qu'il soit un vieux buster extrêmement riche, possédant la moitié de Londres et environ cinq comtés du nord, il était notoirement le dépensier le plus prudent d'Angleterre. Il était ce que les Américains appelleraient un œuf dur. Si les gens de Bicky ne lui avaient rien laissé et qu'il dépendait de ce qu'il pouvait tirer du vieux duc, il était dans une assez mauvaise passe. Cela n'expliquait pas pourquoi il me poursuivait ainsi, car c'était un type qui n'empruntait jamais d'argent. Il a dit qu'il voulait garder ses copains, donc par principe il ne mordait personne.

À ce moment-là, la sonnette de la porte retentit. Jeeves est sorti pour répondre.

"Oui Monsieur. M. Wooster vient de rentrer, l'entendis-je dire. Et Bicky est arrivé au compte-goutte, l'air plutôt désolé pour lui-même.

« Salut , Bicky ! » J'ai dit. « Jeeves m'a dit que tu essayais de m'avoir. Jeeves, apporte un autre verre et que les festivités commencent. Quel est le problème, Bicky ?

« Je suis dans un trou, Bertie. Je veux votre conseil.

"Dis, mon vieux!"

« Mon oncle arrive demain, Bertie.

"Alors Jeeves me l'a dit."

"Le duc de Chiswick , vous savez."

"Alors Jeeves me l'a dit."

Bicky parut un peu surpris.

"Jeeves semble tout savoir."

"En gros , c'est exactement ce que je pensais moi-même tout à l'heure."

"Eh bien, j'aimerais", dit sombrement Bicky , "qu'il connaisse un moyen de me sortir du trou dans lequel je me trouve."

Jeeves s'approcha du verre et le colla avec compétence sur la table.

"M. Bickersteth est dans un petit trou, Jeeves, dis-je, et il veut que vous vous ralliiez.

"Tres bien Monsieur."

Bicky avait l'air un peu dubitatif.

"Eh bien, bien sûr, tu sais, Bertie, c'est pour être un peu privé et tout ça."

« Je ne devrais pas m'inquiéter pour ça, mon vieux. Je parie que Jeeves sait déjà tout. N'est-ce pas, Jeeves ?

"Oui Monsieur."

« Eh ! » dit Bicky , secoué.

"Je suis ouvert à toute correction, monsieur, mais votre dilemme n'est-il pas dû au fait que vous ne parvenez pas à expliquer à Sa Grâce pourquoi vous êtes à New York plutôt qu'au Colorado?"

Bicky se balançait comme une gelée dans un vent violent.

"Comment diable en sais-tu quelque chose ?"

« J'ai eu la chance de rencontrer le majordome de Sa Grâce avant que nous quittions l'Angleterre. Il m'a informé qu'il avait entendu Sa Grâce vous parler de ce sujet, monsieur, alors qu'il passait devant la porte de la bibliothèque.

Bicky eut un rire creux.

« Eh bien, comme tout le monde semble tout savoir, il n'est pas nécessaire d'essayer de garder cela dans l'obscurité. Le vieux m'a viré, Bertie, parce qu'il disait que j'étais un crétin sans cervelle. L'idée était qu'il me donnerait une somme d'argent à condition que je me précipite dans une localité dévastée du nom de Colorado et que j'apprenne l'agriculture ou l'élevage, ou peu importe comment ils l'appellent, dans un ranch ou une ferme Bally ou quel que soit le nom. L'idée ne me plaisait pas du tout. J'aurais dû monter à cheval et poursuivre des vaches, etc. Je déteste les chevaux. Ils vous mordent. J'étais tout à fait contre ce projet. En même temps, vous ne savez pas, il me fallait cet argent.

"Je te comprends absolument, mon cher garçon."

« Eh bien, quand je suis arrivé à New York, cela m'a semblé un endroit décent, alors j'ai pensé que ce serait une bonne idée de s'arrêter ici. J'ai donc télégraphié à mon oncle pour lui dire que j'étais tombé dans une bonne affaire en ville et que je voulais abandonner l'idée du ranch. Il m'a répondu que tout allait bien, et depuis, je suis là. Il pense que je réussis bien dans quelque chose ou autre ici. Je n'ai jamais rêvé, tu ne sais pas, qu'il viendrait un jour ici. Que dois-je faire ?

« Mon Dieu, dis-je, que diable va faire M. Bickersteth ?

« Vous voyez, » dit Bicky , « j'ai reçu un message sans fil de sa part pour me dire qu'il venait rester avec moi – pour économiser les notes d'hôtel, je suppose. Je lui ai toujours donné l'impression que je vivais plutôt bien. Je ne peux pas le laisser rester dans ma pension.

« Tu as pensé à quelque chose, Jeeves ? » J'ai dit.

« Dans quelle mesure, monsieur, si la question n'est pas délicate, êtes-vous prêt à aider M. Bickersteth ?

"Je ferai tout ce que je peux pour toi, bien sûr, Bicky , vieil homme."

« Alors, si je peux vous faire cette suggestion, monsieur, vous pourriez prêter à M. Bickersteth… »

"Non, par Jupiter!" » dit fermement Bicky . « Je ne t'ai jamais touché, Bertie, et je ne vais pas commencer maintenant. Je suis peut-être un idiot, mais je me vante de ne devoir aucun centime à personne, sans compter les commerçants, bien sûr.

« J'étais sur le point de suggérer, monsieur, que vous prêtiez cet appartement à M. Bickersteth. M. Bickersteth pouvait donner à Sa Grâce l'impression qu'il en était le propriétaire. Avec votre permission, je pourrais transmettre l'idée que j'étais à l'emploi de M. Bickersteth, et non au vôtre. Vous résideriez ici temporairement en tant qu'invité de M. Bickersteth. Sa Grâce occuperait la deuxième chambre d'amis. J'imagine que vous trouverez cette réponse satisfaisante, monsieur.

Bicky avait arrêté de se balancer et regardait Jeeves avec admiration.

«Je préconiserais l'envoi d'un message sans fil à sa grâce à bord du navire, l'informant du changement d'adresse. M. Bickersteth pourrait rencontrer Son Excellence au quai et procéder directement ici. Est-ce que cela répondra à la situation, monsieur ?

"Absolument."

"Merci Monsieur."

Bicky le suivit des yeux jusqu'à ce que la porte se ferme.

"Comment fait-il, Bertie?" il a dit. « Je vais vous dire ce que je pense. Je pense que cela a quelque chose à voir avec la forme de sa tête. As-tu déjà remarqué sa tête, Bertie, vieil homme ? Ça dépasse en quelque sorte à l'arrière !

Je sautai du lit tôt le lendemain matin, afin d'être parmi les personnes présentes lorsque le vieux garçon arriverait. Je savais par expérience que ces paquebots arrivaient au quai à une heure diablement impie. Il n'était pas grand-chose après neuf heures lorsque je m'étais habillé et pris mon thé du matin et que je me penchais par la fenêtre, guettant la rue à la recherche de

Bicky et de son oncle. C'était un de ces matins joyeux et paisibles qui font souhaiter à un homme d'avoir une âme ou quelque chose comme ça, et je réfléchissais simplement à la vie en général quand j'ai pris conscience de l'ampleur d'une vague en cours en bas. Un taxi était arrivé, et un vieux garçon en haut-de-forme en était descendu et faisait une effroyable querelle à propos du prix du billet. D'après ce que j'ai pu comprendre, il essayait de convaincre le chauffeur de taxi de passer des prix de New York aux prix de Londres, et le chauffeur de taxi n'avait apparemment jamais entendu parler de Londres auparavant, et ne semblait pas y penser beaucoup maintenant. Le vieux garçon a dit qu'à Londres, le voyage lui aurait coûté huit pence ; et le chauffeur de taxi a dit qu'il devrait s'inquiéter. J'ai appelé Jeeves.

"Le duc est arrivé, Jeeves."

"Oui Monsieur?"

"Ce sera lui à la porte maintenant."

Jeeves fit un long bras et ouvrit la porte d'entrée, et le vieux garçon rampa à l'intérieur, l'air léché jusqu'à l'éclat.

"Comment allez-vous, monsieur?" Dis-je en m'activant et en étant le rayon de soleil. « Votre neveu est descendu au quai pour vous rencontrer, mais vous avez dû le manquer. Je m'appelle Wooster, tu ne sais pas. Grand copain de Bicky , et tout ce genre de choses. Je reste avec lui, tu sais. Voulez-vous une tasse de thé? Jeeves, apporte une tasse de thé.

Le vieux Chiswick s'était affalé dans un fauteuil et regardait la pièce.

« Est-ce que cet appartement luxueux appartient à mon neveu Francis ?

"Absolument."

"Cela doit coûter terriblement cher."

« Assez bien, bien sûr. Ici, tout coûte cher, vous savez.

Il gémit. Jeeves s'infiltra avec le thé. Le vieux Chiswick tenta de restaurer ses tissus et hocha la tête.

« Un pays terrible, M. Wooster ! Un pays terrible ! Près de huit shillings pour un court trajet en taxi ! Inique!" Il jeta un autre regard autour de la pièce. Cela semblait le fasciner. « Avez-vous une idée de combien mon neveu paie pour cet appartement, M. Wooster ?

"Environ deux cents dollars par mois, je crois."

"Quoi! Quarante livres par mois !

J'ai commencé à comprendre que, à moins de rendre la chose un peu plus plausible, le projet pourrait tourner au vinaigre. Je pouvais deviner ce que pensait le vieux garçon. Il essayait de concilier toute cette prospérité avec ce qu'il savait du pauvre vieux Bicky . Et il fallait admettre qu'il fallait beaucoup de détermination, car ce cher vieux Bicky , bien que robuste et absolument sans égal comme imitateur de bull-terriers et de chats, était à bien des égards l'un des imbéciles les plus prononcés qui aient jamais enfilé un costume de sous-vêtements pour hommes.

"Je suppose que cela vous semble du rami", dis-je, "mais le fait est que New York met souvent les gars en colère et leur fait montrer un éclair de vitesse dont vous ne les auriez pas imaginé capables. Cela les développe en quelque sorte. Quelque chose dans l' air, tu ne sais pas. J'imagine que Bicky dans le passé, quand vous l'avez connu, était peut-être un peu un idiot, mais c'est bien différent maintenant. Une sorte de chappie diaboliquement efficace , et considéré dans les cercles commerciaux comme une vraie plume !

"Je suis ébahi! Quelle est la nature des affaires de mon neveu, M. Wooster ?

« Oh, juste des affaires, tu ne sais pas. Le même genre de chose que font Carnegie, Rockefeller et toutes ces criques, vous savez. J'ai glissé vers la porte. "Je suis terriblement désolé de vous quitter, mais je dois rencontrer certains des gars ailleurs."

En sortant de l'ascenseur, j'ai rencontré Bicky qui arrivait de la rue.

« Salut , Bertie ! Il m'a manqué. Est-il arrivé ?

"Il est à l'étage maintenant, en train de prendre du thé."

« Que pense-t-il de tout cela ?

"Il est absolument secoué."

« Déchirant ! Je vais me lever, alors. Toodle-oo , Bertie, vieil homme. À plus tard."

"Pip-pip, Bicky , cher garçon."

Il est parti au trot, plein de gaieté et de bonne humeur, et je suis allé au club m'asseoir à la fenêtre et regarder la circulation qui montait dans un sens et descendait dans l'autre.

Il faisait tard le soir quand je suis entré dans l'appartement pour m'habiller pour le dîner.

"Où est tout le monde, Jeeves?" Dis-je, ne trouvant pas de petits pieds qui pataugeaient dans les lieux. "Sorti?"

« Sa Grâce désirait voir quelques-uns des sites touristiques de la ville, monsieur. M. Bickersteth lui sert d'escorte. J'imagine que leur objectif immédiat était le Tombeau de Grant.

« Je suppose que M. Bickersteth est un peu préparé à la façon dont les choses se déroulent… quoi ?

"Monsieur?"

"Je dis, je suppose que M. Bickersteth est assez plein de haricots."

"Pas tout à fait, monsieur."

« Quel est son problème maintenant ? »

« Le plan que j'ai pris la liberté de suggérer à M. Bickersteth et à vous-même n'a malheureusement pas donné de réponse entièrement satisfaisante, monsieur.

« Le duc croit sûrement que M. Bickersteth réussit bien en affaires, et tout ce genre de choses ?

« Exactement, monsieur. De sorte qu'il a décidé de supprimer l'allocation mensuelle de M. Bickersteth, au motif que, comme M. Bickersteth se débrouille si bien pour son propre compte, il n'a plus besoin d'aide pécuniaire.

« Super Écossais, Jeeves ! C'est horrible.

"Un peu dérangeant, monsieur."

"Je ne m'attendais jamais à quelque chose comme ça!"

"J'avoue que je n'avais pas prévu moi-même cette éventualité, monsieur."

« Je suppose que cela a complètement bouleversé le pauvre fléau ?

"M. Bickersteth parut quelque peu décontenancé, monsieur.

Mon cœur a saigné pour Bicky .

"Nous devons faire quelque chose, Jeeves."

"Oui Monsieur."

"Pouvez-vous penser à quelque chose?"

"Pas pour le moment, monsieur."

"Il doit y avoir quelque chose que nous pouvons faire."

« C'était une maxime de l'un de mes anciens employeurs, monsieur — comme je crois vous l'avoir déjà dit une fois auparavant — l'actuel lord Bridgnorth , qu'il y a toujours un moyen. Je me souviens que Sa Seigneurie utilisait cette expression à l'occasion - il était alors un homme d'affaires et n'avait pas encore reçu son titre - lorsqu'un coiffeur breveté dont il faisait la promotion par hasard ne parvenait pas à attirer le public. Il le mit sur le marché sous un autre nom d'épilatoire et amassa une fortune substantielle. J'ai généralement trouvé l'aphorisme de Sa Seigneurie fondé sur des bases solides. Nous serons sans doute capables de trouver une solution au problème de M. Bickersteth, monsieur.

"Eh bien, essaie, Jeeves!"

"Je n'épargnerai aucune peine, monsieur."

Je suis allé m'habiller tristement. Cela vous montrera assez bien à quel point j'étais excité lorsque je vous dirai que j'ai failli comme un toucher mettre une cravate blanche avec un smoking. Je suis sorti pour manger un peu plus pour passer le temps que parce que j'en avais envie. Cela semblait brutal de se mêler de la carte des plats alors que le pauvre vieux Bicky se dirigeait vers la limite du revenu.

Quand je suis revenu, le vieux Chiswick était allé se coucher, mais Bicky était là, recroquevillé dans un fauteuil, ruminant assez tendu, une cigarette au coin de la bouche et un regard plus ou moins vitreux dans les yeux. Il avait l'air de quelqu'un qui avait été trempé dans ce que les journaux appellent « un instrument contondant ».

"C'est un vieux truc un peu épais, quoi!" J'ai dit.

Il ramassa son verre et le vida fébrilement, ignorant qu'il ne contenait rien.

"J'ai fini, Bertie!" il a dit.

Il essaya à nouveau le verre. Cela ne semblait pas lui faire de bien.

« Si seulement cela était arrivé une semaine plus tard, Bertie ! Mon argent du mois prochain devait arriver samedi. J'aurais pu travailler avec une respiration sifflante dont j'ai entendu parler dans les publicités des magazines. Il semble que vous puissiez gagner beaucoup d'argent si vous ne parvenez qu'à collecter quelques dollars et à démarrer un élevage de poulets. Joli schéma sonore, Bertie ! Supposons que vous achetiez une poule — appelez-la une poule pour les besoins de la discussion. Il pond un œuf tous les jours de la semaine. Vous vendez les œufs sept pour vingt-cinq cents. La garde d'une poule ne coûte rien. Bénéficiez de près de vingt-cinq cents sur sept œufs. Ou regardez les choses autrement : supposons que vous ayez une douzaine de poules. Chacune des poules possède une douzaine de poulets. Les poules grandissent et ont plus de poules. Eh bien, en un rien de temps, l'endroit serait couvert de poules jusqu'aux genoux, toutes pondeuses, à vingt-cinq cents les sept. Vous feriez fortune. Belle vie aussi, élever des poules ! Il avait commencé à s'énerver à cette pensée, mais il se laissa tomber sur sa chaise à ce moment-là avec beaucoup de tristesse. "Mais bien sûr, cela ne sert à rien", a-t-il déclaré, "parce que je n'ai pas d'argent."

"Tu n'as qu'à dire le mot, tu sais, Bicky , vieux top."

"Merci énormément, Bertie, mais je ne vais pas m'éponger sur toi."

C'est toujours ainsi dans ce monde. Les gars à qui vous aimeriez prêter de l'argent ne vous le laisseront pas, tandis que les gars à qui vous ne voulez pas le prêter feront tout sauf vous mettre sur la tête et sortir l'argent de vos poches. En tant que garçon qui a toujours roulé assez librement dans les bonnes choses, j'ai eu beaucoup d'expérience en deuxième classe. Souvent , de retour à Londres, je me suis dépêché le long de Piccadilly et j'ai senti le souffle chaud du toucher sur ma nuque et j'ai entendu ses jappements aigus et excités alors qu'il se rapprochait de moi. J'ai simplement passé ma vie à distribuer des largesses à des fléaux dont je ne me souciais pas ; et pourtant, me voilà maintenant, dégoulinant de doublons et de pièces de huit et désireux de les remettre, et Bicky , pauvre poisson, absolument sur le dessus, n'en prenant aucun à aucun prix.

"Eh bien, il n'y a qu'un seul espoir, alors."

"Qu'est ce que c'est?"

"Jeeves."

"Monsieur?"

Il y avait Jeeves, debout derrière moi, plein de zèle. En matière de chatoiement dans les pièces, le chappie est du rami dans une certaine mesure. Vous êtes assis dans le vieux fauteuil, pensant à ceci et à cela, et puis soudain vous levez les yeux, et il est là. Il se déplace d'un point à l'autre avec aussi peu de bruit qu'une méduse. Cette chose fit considérablement sursauter le pauvre vieux Bicky . Il se leva de son siège comme un faisan qui fonce. Je suis habitué à Jeeves maintenant, mais souvent, à l'époque où il est venu vers moi pour la première fois, je me suis mordu la langue librement en le trouvant de manière inattendue parmi moi.

"Avez-vous appelé, monsieur?"

"Oh, te voilà, Jeeves!"

"Précisément, monsieur."

« Jeeves, M. Bickersteth est toujours en haut du poteau. Des idées?"

«Eh bien, oui, monsieur. Depuis notre récente conversation, j'ai l'impression d'avoir trouvé ce qui pourrait constituer une solution. Je ne veux pas paraître prendre une liberté, monsieur, mais je pense que nous avons négligé les potentialités de Sa Grâce comme source de revenus.

Bicky éclata de rire, ce que j'ai parfois vu décrit comme un rire sourd et moqueur, une sorte de rire amer au fond de la gorge, un peu comme un gargarisme.

« Je ne fais pas allusion, monsieur, expliqua Jeeves, à la possibilité d'inciter Sa Grâce à se séparer de l'argent. Je me permets de considérer sa grâce à la lumière d' une propriété actuellement, si je puis dire, inutile et susceptible d'être développée.

Bicky me regardait d'un air impuissant. Je dois dire que je ne l'ai pas compris moi-même.

« Ne pourrais-tu pas rendre les choses un peu plus faciles, Jeeves ! »

« En un mot, monsieur, ce que je veux dire est ceci : Sa Grâce est, en un sens, un personnage éminent. Les habitants de ce pays, comme vous le savez sans doute, monsieur, sont particulièrement habitués à serrer la main de personnages éminents. Il m'est venu à l'esprit que M. Bickersteth ou vous-même connaissiez peut-être des personnes qui seraient prêtes à payer une somme modique – disons deux ou trois dollars – pour avoir le privilège d'être présenté à Sa Grâce, y compris une poignée de main.

Bicky ne semblait pas y prêter grande attention.

"Voulez-vous dire que n'importe qui serait assez idiot pour se séparer d'une solide somme d'argent juste pour serrer la main de mon oncle ?"

« J'ai une tante, monsieur, qui a payé cinq shillings à un jeune homme pour avoir amené un acteur de cinéma prendre le thé chez elle un dimanche. Cela lui a donné un statut social parmi les voisins .

Bicky hésita.

« Si vous pensez que cela pourrait être fait... »

"J'en suis convaincu, monsieur."

"Qu'en penses-tu, Bertie?"

« Je suis pour, mon vieux, absolument. Une respiration sifflante très cérébrale.

"Merci Monsieur. Y aura-t-il autre chose ? Bonne nuit Monsieur."

Et il s'est envolé, nous laissant discuter des détails.

Jusqu'à ce que nous commencions à faire flotter le vieux Chiswick dans le but de gagner de l'argent, je n'avais jamais réalisé à quel point ces types de la Bourse devaient vivre une période parfaitement immonde lorsque le public ne mordait pas librement. Aujourd'hui, je lis avec un œil sympathique ce passage qu'ils mettent dans les rapports financiers sur « Le marché s'est ouvert tranquillement », car, par Jupiter, il s'est certainement ouvert tranquillement pour nous ! On aurait du mal à croire à quel point il était difficile d'intéresser le public et de le faire s'en prendre au vieux garçon. À la fin de la semaine, le seul nom que nous avions sur notre liste était celui d'un commerçant d'épicerie fine dans le quartier de Bicky , et comme il voulait que nous le prenions sous forme de tranches de jambon au lieu d'argent liquide, cela n'a pas beaucoup aidé. Il y eut une lueur de lumière lorsque le frère du prêteur sur gages de Bicky offrit dix dollars, argent d'acompte, pour une introduction au vieux Chiswick , mais l'affaire échoua, car il s'avéra que le type était anarchiste et avait l'intention de donner un coup de pied au vieux garçon. au lieu de lui serrer la main. Il m'a fallu du temps pour persuader Bicky de ne pas récupérer l'argent et de laisser les choses suivre leur cours. Il semblait considérer le frère du prêteur sur gages plutôt comme un sportif et un bienfaiteur de son espèce que autrement.

Tout cela, j'ai tendance à penser, aurait mal tourné sans Jeeves. Il ne fait aucun doute que Jeeves est dans une classe à part. En ce qui concerne le cerveau et les ressources, je ne pense pas avoir jamais rencontré un type aussi suprêmement semblable à celui d'une mère. Un matin, il est entré dans ma chambre avec une bonne vieille tasse de thé et m'a laissé entendre qu'il se passait quelque chose.

« Puis-je vous parler de cette question de sa grâce, monsieur ?

« Tout est éteint. Nous avons décidé de le jeter.

"Monsieur?"

«Ça ne marchera pas. Nous ne pouvons faire venir personne.

"J'imagine que je peux arranger cet aspect de la question, monsieur."

"Voulez-vous dire que vous avez réussi à avoir quelqu'un ?"

"Oui Monsieur. Quatre-vingt-sept messieurs de Birdsburg , monsieur.

Je me suis assis sur le lit et j'ai renversé le thé.

« Birsburg ? »

" Birdsburg , Missouri, monsieur. "

« Comment les avez-vous obtenus ? »

« Il m'est arrivé hier soir, monsieur, que vous aviez laissé entendre que vous alliez vous absenter de chez vous pour assister à une représentation théâtrale, et que vous êtes entré en conversation entre les actes avec l'occupant du siège voisin. J'avais remarqué qu'il portait une décoration quelque peu ornée à sa boutonnière, monsieur : un gros bouton bleu avec les mots « Boost for Birdsburg » dessus en lettres rouges, ce qui n'est guère un ajout judicieux au costume de soirée d'un gentleman. À ma grande surprise, j'ai remarqué que l'auditorium était rempli de personnes décorées de la même manière. J'ai osé demander l'explication, et j'ai été informé que ces messieurs, formant un groupe de quatre-vingt-sept personnes, sont une convention d'une ville du nom de Birdsburg , dans l'État du Missouri. Leur visite, j'en ai compris, était purement de nature sociale et agréable, et mon informateur a parlé assez longuement des divertissements organisés pour leur séjour dans la ville. C'est lorsqu'il raconta avec beaucoup de satisfaction et de fierté qu'une députation de leur nombre avait été présentée et avait serré la main d'un boxeur bien connu, que l'idée m'est venue d'aborder le sujet de sa grâce. Pour faire court, monsieur, j'ai fait en sorte, sous réserve de votre approbation, que l'ensemble de la convention soit présenté à sa grâce demain après-midi.

J'étais émerveillé. Ce type était un Napoléon.

« Quatre-vingt-sept, Jeeves. À combien une tête ?

« J'ai été obligé d'accepter une réduction de quantité, monsieur. Les conditions finalement retenues étaient de cent cinquante dollars pour le parti.

J'ai réfléchi un peu.

"Payable d'avance?"

"Non monsieur. J'ai essayé d'obtenir un paiement anticipé, mais je n'ai pas réussi.

"Eh bien, de toute façon , quand nous l'aurons, j'en ferai jusqu'à cinq cents. Bicky ne le saura jamais. Pensez-vous que M. Bickersteth soupçonnerait quelque chose, Jeeves, si j'atteignais cinq cents ?

« Je ne pense pas, monsieur. M. Bickersteth est un gentleman agréable, mais pas brillant.

"Très bien alors. Après le petit-déjeuner, je cours à la banque me chercher de l'argent.

"Oui Monsieur."

"Tu sais, tu es un peu une merveille, Jeeves."

"Merci Monsieur."

"Bien-oh!"

"Tres bien Monsieur."

Quand j'ai pris à part ce cher vieux Bicky au cours de la matinée et que je lui ai raconté ce qui s'était passé, il a failli s'effondrer. Il entra dans le salon en chancelant et attacha le vieux Chiswick , qui lisait la section comique du journal du matin avec une sorte de résolution sombre.

« Mon oncle, dit-il, est-ce que tu fais quelque chose de spécial demain après-midi ? Je veux dire, j'ai demandé à quelques-uns de mes amis de vous rencontrer, vous ne savez pas.

Le vieux garçon lui lança un regard spéculatif.

« Il n'y aura pas de journalistes parmi eux ?

« Des journalistes ? Plutôt pas ! Pourquoi?"

« Je refuse d'être harcelé par les journalistes. Il y avait un certain nombre de jeunes hommes adhésifs qui s'efforçaient de me faire connaître mon point de vue sur l'Amérique pendant que le bateau approchait du quai. Je ne serai plus soumis à cette persécution.

« Tout ira bien, mon oncle. Il n'y aura pas de journaliste ici.

« Dans ce cas, je serai heureux de faire la connaissance de vos amis.

« Vous leur serrerez la main et ainsi de suite ?

"J'ordonnerai naturellement mon comportement selon les règles acceptées des relations sexuelles civilisées."

Bicky le remercia chaleureusement et partit déjeuner avec moi au club, où il bavarda librement sur les poules, les couveuses et autres choses pourries.

Après mûre réflexion, nous avions décidé de libérer le contingent de Birdsburg sur le vieux garçon, dix à la fois. Jeeves a amené son copain de théâtre nous voir et nous avons tout arrangé avec lui. Un type très honnête , mais plutôt enclin à détourner la conversation et à l'orienter vers le nouveau système d'approvisionnement en eau de sa ville natale. Nous avons décidé que, comme il ne pouvait tenir qu'une heure, chaque gang devrait se considérer comme ayant droit à sept minutes de compagnie du duc selon le chronomètre de Jeeves, et que lorsque leur temps serait écoulé, Jeeves devrait se glisser dans la pièce et tousser de manière significative . Ensuite, nous nous sommes séparés de ce que je crois appeler des expressions mutuelles de bonne volonté, le Birdsburg Chappie nous invite tous cordialement à venir un jour jeter un œil au nouveau système d'approvisionnement en eau, pour lequel nous l'avons remercié.

Le lendemain, la députation arriva. La première équipe était composée du crique que nous avions rencontré et de neuf autres personnes presque identiques à lui en tous points. Ils avaient tous l'air très enthousiastes et pragmatiques, comme si depuis leur jeunesse ils travaillaient au bureau et attiraient l'attention du patron et ainsi de suite. Ils serrèrent la main du vieux garçon avec beaucoup de satisfaction apparente – tous sauf un gars , qui semblait réfléchir à quelque chose – puis ils s'éloignèrent et devinrent bavards.

« Quel message avez-vous pour Birdsburg , Duke ? » a demandé notre ami.

Le vieux garçon semblait un peu secoué.

«Je ne suis jamais allé à Birdsburg .»

Le garçon semblait peiné.

« Vous devriez lui rendre visite », dit-il. « La ville à la croissance la plus rapide du pays. Coup de pouce pour Birdsburg ! »

« Boost pour Birdsburg ! » dirent les autres gars avec révérence.

Le gars qui ruminait avait soudainement lâché la langue.

"Dire!"

C'était une sorte de gros crique bien nourri, avec un de ces mentons déterminés et un œil froid.

L'assemblée le regarda.

« Sur le plan des affaires, » dit le gars , « remarquez que je ne mets pas en doute la bonne foi de qui que ce soit, mais, sur le plan strictement professionnel, je pense que ce monsieur ici présent devrait s'inscrire devant témoins en déclarant que c'est vraiment un duc.

"Que voulez-vous dire, monsieur?" s'écria le vieux garçon en devenant violet.

« Sans vouloir vous offenser, c'est simplement du business. Je ne dis rien, remarquez, mais il y a une chose qui me semble plutôt drôle. Ce monsieur ici dit s'appeler M. Bickersteth, si je comprends bien. Eh bien, si vous êtes le duc de Chiswick , pourquoi n'est-il pas Lord Percy Something ? J'ai lu des romans anglais et je sais tout.

"C'est monstrueux !"

« Maintenant, n'aie pas chaud sous le col. Je demande seulement. J'ai le droit de savoir. Vous allez prendre notre argent, il est donc tout à fait juste que nous veillions à en avoir pour notre argent.»

L'anse d'approvisionnement en eau s'est ébréchée :

« Vous avez tout à fait raison, Simms. J'ai oublié cela lors de la conclusion de l'accord. Vous voyez, messieurs, en tant qu'hommes d'affaires, nous avons droit à des garanties raisonnables de bonne foi. Nous payons à M. Bickersteth ici cent cinquante dollars pour cette réception, et nous voulons naturellement savoir… »

Le vieux Chiswick lança à Bicky un regard scrutateur ; puis il se tourna vers le garçon qui servait d'eau . Il était terriblement calme.

«Je peux vous assurer que je n'en sais rien», dit-il très poliment. "Je vous serais reconnaissant si vous pouviez m'expliquer."

« Eh bien, nous avons convenu avec M. Bickersteth que quatre-vingt-sept citoyens de Birdsburg auraient le privilège de vous rencontrer et de vous serrer la main moyennant une contrepartie financière convenue d'un commun accord, et ce que mon ami Simms ici présent veut dire – et je suis avec lui – c'est que nous n'avons que la parole de M. Bickersteth pour nous le dire – et il nous est étranger – que vous êtes le duc de Chiswick .

Le vieux Chiswick déglutit.

"Permettez-moi de vous assurer, monsieur," dit-il d'une voix de rami, "que je suis le duc de Chiswick ."

« Alors tout va bien », dit chaleureusement le gars . «C'était tout ce que nous voulions savoir. Laissons les choses continuer.

« Je suis désolé de vous dire, » dit le vieux Chiswick , « que cela ne peut pas continuer. Je me sens un peu fatigué. Je crains de devoir demander à être excusé.

"Mais il y a soixante-dix-sept garçons qui attendent au coin de la rue en ce moment, Duke, pour vous être présentés."

"J'ai peur de devoir les décevoir."

"Mais dans ce cas, l'accord devrait être annulé."

"C'est une question à discuter entre vous et mon neveu."

Le gars semblait troublé.

« Vous ne rencontrerez vraiment pas les autres ?

"Non!"

"Eh bien, alors, je suppose que nous allons y aller."

Ils sortirent et il y eut un silence assez solide. Alors le vieux Chiswick se tourna vers Bicky :

"Bien?"

Bicky ne semblait rien avoir à dire.

« Était-ce vrai ce que cet homme a dit ?

"Oui, mon oncle."

« Que veux-tu dire en jouant ce tour ?

Bicky semblait plutôt bien assommé, alors j'ai mis un mot.

"Je pense que tu ferais mieux de tout expliquer, Bicky , vieux top."

de Bicky sauta un peu ; puis il commença :

« Tu vois, tu m'avais coupé mon argent de poche, mon oncle, et je voulais un peu d'argent pour démarrer un élevage de poulets. Je veux dire que c'est une certitude absolue si vous obtenez une fois un peu de capital. Vous achetez une poule, elle pond un œuf tous les jours de la semaine, et vous vendez les œufs, disons, sept pour vingt-cinq cents.

« Garder des poules ne coûte rien. Bénéficiez pratiquement… »

« C'est quoi toutes ces bêtises à propos des poules ? Vous m'avez amené à supposer que vous étiez un homme d'affaires important.

"Le vieux Bicky a plutôt exagéré, monsieur," dis-je en aidant le gars . « Le fait est que ce pauvre vieux garçon dépend absolument de votre argent, et quand vous l'avez interrompu, ne savez-vous pas, il était plutôt solidement dans la soupe et a dû penser à un moyen de se rapprocher de lui. un peu de prêt assez vite. C'est pourquoi nous avons pensé à ce système de poignée de main.

Le vieux Chiswick écume à la bouche.

« Alors tu m'as menti ! Vous m'avez délibérément trompé quant à votre situation financière ! »

« Le pauvre vieux Bicky ne voulait pas aller dans ce ranch », expliquai-je. « Il n'aime pas les vaches et les chevaux, mais il pense plutôt qu'il serait un favori parmi les poules. Tout ce qu'il veut, c'est un peu de capital. Ne pensez-vous pas que ce serait plutôt une respiration sifflante si vous deviez… »

« Après que s'est-il passé ? Après cette… cette tromperie et cette sottise ? Pas un centime !

"Mais--"

"Pas du tout!"

Il y eut une toux respectueuse en arrière-plan.

"Si je pouvais faire une suggestion, monsieur?"

Jeeves se tenait à l'horizon, l'air diaboliquement intelligent.

"Vas-y, Jeeves!" J'ai dit.

« Je suggérerais simplement, monsieur, que si M. Bickersteth a besoin d'un peu d'argent liquide et ne parvient pas à l'obtenir ailleurs, il pourrait obtenir la somme dont il a besoin en décrivant les événements de cet après-midi pour le numéro du dimanche. de l'un des journaux les plus fougueux et entreprenants.

"Par jupiter!" J'ai dit.

«Par Georges!» » dit Bicky .

« Grand Dieu ! » dit le vieux Chiswick .

"Très bien, monsieur", a déclaré Jeeves.

Bicky se tourna vers le vieux Chiswick avec un œil brillant.

«Jeeves a raison. Je vais le faire! La *Chronique* sauterait dessus. Ils mangent ce genre de choses.

Le vieux Chiswick poussa une sorte de hurlement gémissant.

« Je t'interdis absolument, Francis, de faire ça !

"C'est très bien," dit Bicky , merveilleusement préparé, "mais si je ne peux pas obtenir l'argent autrement..."

"Attendez! Euh , attends, mon garçon ! Tu es si impétueux ! Nous pourrions arranger quelque chose.

"Je n'irai pas dans ce ranch Bally."

"Non non! Non, non, mon garçon ! Je ne le suggérerais pas. Je ne le suggérerais pas du tout. Je… je pense… »

Il semblait avoir un peu de mal avec lui-même. « Je… je pense que, dans l'ensemble, il vaudrait mieux que vous reveniez avec moi en Angleterre. Je… je pourrais… en fait, je pense que je vois comment faire… je pourrais peut-être utiliser vos services pour occuper un poste de secrétariat.

"Ça ne devrait pas me déranger."

« Je ne devrais pas pouvoir vous offrir un salaire, mais, comme vous le savez, dans la vie politique anglaise, le secrétaire non rémunéré est une figure reconnue… »

"Le seul chiffre que je reconnais", dit fermement Bicky , "est de cinq cents livres par an, payées trimestriellement."

"Mon cher garçon!"

"Absolument!"

« Mais votre récompense, mon cher Francis, consisterait dans les occasions sans égal que vous auriez, en tant que secrétaire, d'acquérir de l'expérience, de vous habituer aux subtilités de la vie politique, de... en fait, vous seriez dans une position extrêmement avantageuse. .»

« Cinq cents par an ! » dit Bicky en l'enroulant autour de sa langue. «Eh bien, ce ne serait rien par rapport à ce que je pourrais gagner si je démarrais un élevage de poulets. Il va de soi. Supposons que vous ayez une douzaine de poules. Chacune des poules possède une douzaine de poulets. Au bout d'un moment, les poules grandissent et ont chacune une douzaine de poules, puis elles commencent toutes à pondre des œufs ! Il y a une fortune dedans. Vous pouvez obtenir tout ce que vous voulez contre des œufs en Amérique. Les Chappies les gardent sur la glace pendant des années et ne les vendent que lorsqu'ils rapportent environ un dollar le tour. Vous ne pensez pas que je vais laisser tomber un avenir comme celui-ci pour moins de cinq cents gobelins par an – quoi ?

Un air d'angoisse passa sur le visage du vieux Chiswick , puis il parut s'y résigner. "Très bien, mon garçon," dit-il.

« Quoi ! » » dit Bicky . "Très bien alors."

"Jeeves," dis-je. Bicky avait emmené le vieux garçon dîner pour fêter ça, et nous étions seuls. "Jeeves, cela a été l'un de vos meilleurs efforts."

"Merci Monsieur."

"Ça me bat la façon dont tu fais."

"Oui Monsieur."

"Le seul problème, c'est que tu n'en retires pas grand chose, quoi !"

« J'imagine que M. Bickersteth a l'intention – à en juger par ses remarques – de signifier son appréciation pour tout ce que j'ai eu la chance de faire pour l'aider, à une date ultérieure, lorsqu'il sera dans une position plus favorable pour le faire.

"Ce n'est pas suffisant, Jeeves!"

"Monsieur?"

C'était une rupture, mais je sentais que c'était la seule chose possible à faire.

"Apportez mes affaires de rasage."

Une lueur d'espoir brillait dans les yeux du garçon , mêlée de doute.

"Vous voulez dire, monsieur?"

"Et rase ma moustache."

Il y eut un moment de silence. Je pouvais voir que le type était profondément ému.

« Merci beaucoup, monsieur », dit-il à voix basse avant de s'éloigner.

TRAITEMENT ABSENT

Je veux tout vous dire sur ce cher vieux Bobbie Cardew . C'est une histoire des plus intéressantes. Je ne peux pas mettre de style littéraire et tout ça ; mais je n'ai pas à le faire, vous ne savez pas, parce que cela continue sa leçon de morale. Si vous êtes un homme, vous ne devez pas le manquer, car ce sera un avertissement pour vous ; et si vous êtes une femme, vous ne voudrez pas le faire, car tout dépend de la façon dont une fille a fait en sorte qu'un homme en ait assez de certaines choses.

Si vous avez récemment connu Bobbie, vous serez probablement surpris d'apprendre qu'il fut un temps où il se distinguait davantage par la faiblesse de sa mémoire que par toute autre chose. Des dizaines de personnes, qui n'ont rencontré Bobbie que depuis le changement, ont été surprises lorsque je leur ai dit cela. Pourtant c'est vrai. Crois *-moi* .

À l'époque où je l'ai connu pour la première fois, Bobbie Cardew était le jeune pourri le plus prononcé dans un rayon de six kilomètres. Les gens m'ont traité d'idiot, mais je n'ai jamais été dans la même classe que Bobbie. Quand il s'agissait d'être un idiot, il avait un homme de plus quatre, alors que mon handicap était d'environ six. Eh bien, si je voulais qu'il dîne avec moi, je lui envoyais une lettre en début de semaine, puis la veille, je lui envoyais un télégramme et un coup de téléphone le jour même, et... une demi-heure avant l'heure que nous avions fixée, un coursier dans un taxi dont le rôle était de veiller à ce qu'il monte et à ce que le chauffeur ait bien l'adresse. En faisant cela, je parvenais généralement à l'avoir, à moins qu'il n'ait quitté la ville avant l'arrivée de mon messager.

Le plus drôle, c'est qu'il n'était pas complètement idiot à d'autres égards. Au fond de lui, il y avait une sorte de couche de sens. Je l'avais connu, une ou deux fois, faire preuve d'une intelligence presque humaine. Mais pour atteindre cette strate, remarquez, il fallait de la dynamite.

Du moins, c'est ce que je pensais. Mais il y avait une autre solution à laquelle je n'avais pas pensé. Le mariage, je veux dire. Le mariage, la dynamite de l'âme ; c'est ce qui a frappé Bobbie. Il est marié. Avez-vous déjà vu un chiot taureau poursuivre une abeille ? Le chiot voit l'abeille. Cela lui semble bon. Mais il ne sait toujours pas ce qu'il y a au bout jusqu'à ce qu'il y arrive. C'était comme ça avec Bobbie. Il tomba amoureux, se maria – avec une sorte de cri, comme si c'était le plus grand plaisir du monde – et commença alors à découvrir des choses.

Ce n'était pas le genre de fille dont on aurait pu s'attendre à ce que Bobbie s'extasie. Et pourtant, je ne sais pas. Ce que je veux dire, c'est qu'elle travaillait pour gagner sa vie ; et pour quelqu'un qui n'a jamais rien fait de sa vie, il y a sans aucun doute une sorte de fascination, une sorte de romance, à propos d'une jeune fille qui travaille pour gagner sa vie.

Elle s'appelait Anthony. Marie Antoine. Elle mesurait environ cinq pieds six ; elle avait une tonne et demie de cheveux roux-or, des yeux gris et un de ces menton déterminés. Elle était infirmière à l'hôpital. Quand Bobbie s'est écrasé au polo, les autorités lui ont dit de lui lisser le front et de se ressaisir avec des onguents rafraîchissants et tout ça ; et le vieux garçon ne s'était pas levé depuis plus d'une semaine avant qu'ils se rendent chez le greffier et le réparent. Toute une romance.

Bobbie m'a annoncé la nouvelle un soir au club et le lendemain, il me l'a présentée. Je l'admirais. Je n'ai jamais travaillé moi-même – je m'appelle Pepper, d'ailleurs. J'ai presque oublié de le mentionner. Reggie Pepper. Mon oncle Edward était Pepper, Wells and Co., les gens de Colliery. Il m'a laissé une grosse somme d'argent. Je dis que je n'ai jamais travaillé moi-même, mais j'admire quiconque gagne sa vie dans des difficultés, surtout une fille. Et cette fille avait traversé une période assez difficile, étant orpheline et tout ça, et ayant dû tout faire de sa propre initiative pendant des années.

Mary et moi nous entendions à merveille. Nous ne le faisons pas maintenant, mais nous y reviendrons plus tard. Je parle du passé. Elle semblait penser que Bobbie était la meilleure chose au monde, à en juger par la façon dont elle le regardait alors qu'elle pensait que je ne le remarquais pas. Et Bobbie semblait penser la même chose à son sujet. J'en suis donc arrivé à la conclusion que, si seulement ce cher vieux Bobbie n'oubliait pas d'aller au mariage, ils auraient une chance sportive d'être très heureux.

Eh bien, prenons un peu de recul et sautons d'un an. L'histoire ne commence vraiment qu'à ce moment-là.

Ils prirent un appartement et s'installèrent. J'entrais et sortais souvent de cet endroit. Je gardais les yeux ouverts et tout me semblait se dérouler aussi bien qu'on pouvait le souhaiter. Si c'était un mariage, pensai-je, je ne comprenais pas pourquoi les gens en avaient si peur. Bien des choses pires pouvaient arriver à un homme.

Mais nous arrivons maintenant à l'incident du dîner tranquille, et c'est justement ici que le jeune rêve de l'amour se heurte à un obstacle et que les choses commencent à se produire.

J'ai rencontré Bobbie à Piccadilly et il m'a demandé de revenir dîner à l'appartement. Et, comme un imbécile, au lieu de m'enfuir et de me mettre sous protection policière, j'y suis allé.

Quand nous sommes arrivés à l'appartement, il y avait Mme Bobbie qui regardait... eh bien, je vous le dis, cela m'a stupéfié. Ses cheveux dorés étaient tous entassés en vagues, en froissés et tout, avec un comment appelez-vous des diamants dedans. Et elle portait la robe la plus parfaitement déchirée. Je ne pouvais pas commencer à le décrire. Je peux seulement dire que c'était la limite. Cela m'a frappé que si c'était ainsi qu'elle avait l'habitude de ressembler tous les soirs lorsqu'ils dînaient tranquillement ensemble à la maison, il n'était pas étonnant que Bobbie aime la vie domestique.

"Voici le vieux Reggie, ma chérie", dit Bobbie. « Je l'ai ramené à la maison pour dîner un peu. Je vais appeler la cuisine et leur demander de l'envoyer maintenant, quoi ?

Elle le regarda comme si elle ne l'avait jamais vu auparavant. Puis elle est devenue écarlate. Puis elle est devenue blanche comme un drap. Puis elle eut un petit rire. C'était très intéressant à regarder. Cela m'a donné envie d'être dans un arbre à environ huit cents milles de là. Puis elle s'est rétablie.

"Je suis tellement heureuse que vous ayez pu venir, M. Pepper," dit-elle en me souriant.

Et après ça, elle allait bien. Au moins, tu l'aurais dit. Elle a beaucoup parlé au dîner, a plaisanté Bobbie et nous a ensuite joué du ragtime au piano, comme si elle s'en fichait du monde. Ce n'était pas une petite fête plutôt joyeuse. Je ne suis pas un détective aux yeux de lynx, et tout ce genre de choses, mais j'avais vu son visage au début, et je savais qu'elle travaillait tout le temps et travaillait dur, pour se garder en main, et qu'elle le ferait. J'ai donné à ce diamant quel est son nom dans ses cheveux et à tout ce qu'elle possédait pour avoir un bon cri, un seul. J'ai passé des soirées assez épaisses au cours de ma vie, mais celle-là a fait battre le reste au galop. Dès le premier instant, j'ai attrapé mon chapeau et je me suis enfui.

Ayant vu ce que j'avais fait, je n'ai pas été particulièrement surpris de rencontrer Bobbie au club le lendemain, aussi joyeux et brillant qu'une boule de chewing-gum solitaire lors d'une soirée thé esquimau.

Il entra aussitôt. Il semblait heureux d'avoir quelqu'un à qui en parler.

"Savez-vous depuis combien de temps je suis marié?" il a dit.

Je ne l'ai pas fait exactement.

"Environ un an, n'est-ce pas ?"

"Pas *environ* un an", dit-il tristement. "Exactement un an, hier!"

Puis j'ai compris. J'ai vu de la lumière – un éclair de lumière régulier.

"Hier était--?"

« L'anniversaire du mariage. J'avais prévu d'emmener Mary au Savoy, puis à Covent Garden. Elle voulait particulièrement entendre Caruso. J'avais le ticket pour la boîte dans ma poche. Vous savez, tout au long du dîner, j'ai eu une sorte d'idée de rami selon laquelle il y avait quelque chose que j'avais oublié, mais je n'arrivais pas à penser quoi ?

"Jusqu'à ce que ta femme en parle?"

Il acquiesca--

« Elle... l'a mentionné », dit-il pensivement.

Je n'ai pas demandé de détails. Les femmes avec des cheveux et un menton comme ceux de Mary sont peut-être des anges la plupart du temps, mais lorsqu'elles enlèvent un peu leurs ailes, elles ne le font pas sans enthousiasme.

"Pour être tout à fait franc, vieux top", dit le pauvre vieux Bobbie d'un ton un peu brisé, "mon stock est assez bas chez moi."

Il ne semblait pas y avoir grand-chose à faire. J'ai juste allumé une cigarette et je suis resté assis là. Il ne voulait pas parler. Bientôt, il sortit. Je me tenais à la fenêtre de notre fumoir supérieur, qui donne sur Piccadilly, et je l'observais. Il marcha lentement pendant quelques mètres, s'arrêta, puis repartit et enfin se transforma en bijouterie . C'est un exemple de ce que je voulais dire quand je disais qu'au fond de lui il y avait une certaine couche de sens.

C'est à partir de ce moment que j'ai commencé à m'intéresser vraiment à ce problème de la vie conjugale de Bobbie. Bien sûr, on s'intéresse toujours légèrement aux mariages de ses amis, en espérant qu'ils se passeront bien et tout ça ; mais c'était différent. L'homme moyen n'est pas comme Bobbie, et la fille moyenne n'est pas comme Mary. C'était cette vieille histoire de la masse inébranlable et de la force irrésistible. Il y avait Bobbie, qui avançait doucement dans la vie, un vieux bonhomme à bien des égards, mais sans aucun doute un idiot de première eau.

Et il y avait Mary, déterminée à ce qu'il ne soit pas un idiot. Et la nature, remarquez, du côté de Bobbie. Quand la nature fait un idiot comme ce cher vieux Bobbie, elle est fière de lui et ne veut pas que son travail soit perturbé. Elle lui donne une sorte d' armure naturelle pour le protéger des interférences extérieures. Et cette armure est un manque de mémoire. Le manque de mémoire fait d'un homme un idiot, alors que, sans cela, il pourrait cesser de l'être. Prenons mon cas, par exemple. Je suis un idiot. Eh bien, si je m'étais rappelé de la moitié des choses que les gens ont essayé de m'apprendre au cours de ma vie, ma taille en chapeaux serait d'environ neuf. Mais je ne l'ai pas fait. Je les ai oubliés. Et c'était pareil avec Bobbie.

Pendant environ une semaine, peut-être un peu plus, le souvenir de cette petite soirée tranquille à la maison le revigora comme un tonique. Les éléphants, j'ai lu quelque part, sont des champions dans le domaine de la mémoire, mais ils ont été des imbéciles aux yeux de Bobbie cette semaine-là. Mais, Dieu merci, le choc n'était pas assez grand. Cela avait terni l' armure , mais n'y avait pas fait de trou. Très vite, il revint à son ancien jeu.

C'était pathétique, tu ne sais pas. La pauvre fille l'aimait et elle avait peur. C'était le bord mince du coin, voyez-vous, et elle le savait. Un homme qui oublie le jour où il s'est marié, alors qu'il est marié depuis un an, oubliera, vers la fin du quatrième, qu'il est marié du tout. Si elle voulait vraiment le prendre en main, elle devait le faire maintenant, avant qu'il ne commence à s'éloigner.

Je l'ai vu assez clairement, et j'ai essayé de le faire voir à Bobbie, alors qu'il était en train de me confier ses ennuis un après-midi. Je ne me souviens pas de ce qu'il avait oublié la veille, mais c'était quelque chose qu'elle lui avait demandé de rapporter à la maison pour elle – c'était peut-être un livre.

« C'est vraiment peu de chose dont il faut faire toute une histoire », a déclaré Bobbie. « Et elle sait que c'est simplement parce que j'ai une mémoire tellement infernale de tout. Je ne me souviens de rien. Je ne le pourrais jamais.

Il parla un moment et, au moment où il s'en allait, il sortit quelques souverains.

"Oh, au fait," dit-il.

« A quoi ça sert ? » J'ai demandé, même si je savais.

"Je te le dois."

« Comment ça ? » J'ai dit.

« Eh bien, ce pari de mardi. Dans la salle de billard. Murray et Brown jouaient à cent, et je vous ai donné deux contre un que Brown gagnerait, et Murray l'a battu par vingt.

"Alors tu te souviens de certaines choses?" J'ai dit.

Il était très excité. Il a dit que si je pensais qu'il était le genre de pourri qui oubliait de payer quand il perdait un pari, c'était plutôt pourri de ma part après l'avoir connu toutes ces années, et bien plus encore.

« Calme-toi, mon garçon », dis-je.

Puis je lui ai parlé comme à un père.

« Ce que tu dois faire, mon vieux copain d'université, dis-je, c'est te ressaisir, et très vite aussi. À mesure que les choses évoluent, vous risquez de recevoir un mauvais coup avant de savoir ce qui vous frappe. Il faut faire un effort. Ne dites pas que vous ne pouvez pas. Cette affaire à deux livres montre que, même si votre mémoire est fragile, vous pouvez vous souvenir de certaines choses. Ce que vous devez faire, c'est vérifier que les anniversaires de mariage, etc., sont inclus dans la liste. C'est peut-être une fatigue cérébrale , mais on ne peut pas s'en sortir.

"Je suppose que vous avez raison", a déclaré Bobbie. «Mais je ne comprends pas pourquoi elle pense autant à ces petits rendez-vous pourris. Qu'importe si j'oublie le jour de notre mariage, le jour de sa naissance ou le jour où le chat a eu la rougeole ? Elle sait que je l'aime autant que si j'étais un maniaque de la mémorisation dans les couloirs.

"Ce n'est pas suffisant pour une femme", dis-je. « Ils veulent être montrés. Gardez cela à l'esprit et tout va bien. Oubliez ça, et il y aura des ennuis.

Il mâchait le pommeau de son bâton.

« Les femmes sont terriblement du rami », dit-il sombrement.

"Tu aurais dû y penser avant d'en épouser une", dis-je.

Je ne vois pas que j'aurais pu faire plus. Je lui avais tout résumé en un mot. On aurait pu penser qu'il aurait compris l'intérêt et que cela l'aurait incité à se ressaisir et à se ressaisir. Mais non. Il repartit de la même manière. J'ai renoncé à discuter avec lui. J'avais beaucoup de temps libre, mais pas assez pour aboutir à quoi que ce soit lorsqu'il s'agissait de réformer par l'argumentation ce cher vieux Bobbie. Si vous voyez un homme chercher des ennuis et insister pour les obtenir, la seule chose à faire est de rester là et d'attendre qu'ils lui arrivent. Après cela, vous aurez peut-être une chance. Mais d'ici là, il n'y a rien à faire. Mais j'ai beaucoup pensé à lui.

Bobbie ne s'est pas lancé dans la soupe d'un seul coup. Les semaines ont passé, les mois, et toujours rien ne s'est passé. De temps en temps, il entrait dans le club avec une sorte de nuage sur son visage brillant du matin, et je savais qu'il y avait eu des agissements dans la maison ; mais ce n'est que vers le printemps qu'il reçut la foudre là où il la demandait, dans le thorax.

Un matin, je fumais une cigarette tranquillement par la fenêtre donnant sur Piccadilly et je regardais les bus et les automobiles monter dans un sens et descendre dans l'autre - c'est très intéressant ; Je le fais souvent — quand Bobbie se précipite, les yeux exorbités et le visage couleur d' huître, agitant un morceau de papier à la main.

« Reggie », dit-il. "Reggie, vieux top, elle est partie!"

"Disparu!" J'ai dit. "OMS?"

« Marie, bien sûr ! Disparu! Laisse moi! Disparu!"

"Où?" J'ai dit.

Question bête? Peut-être avez-vous raison. Quoi qu'il en soit, ce cher vieux Bobbie a failli écumer à la bouche.

"Où? Comment puis-je savoir où ? Tiens, lis ceci.

Il a poussé le papier dans ma main. C'était une lettre.

"Continuez", dit Bobbie. "Lis le."

Alors je l'ai fait. C'était certainement toute une lettre. Il n'y en avait pas beaucoup, mais c'était tout à fait pertinent. Voici ce qu'il disait :

« MON CHER BOBBIE, je m'en vais. Lorsque vous vous soucierez suffisamment de moi pour penser à me souhaiter de nombreux retours heureux pour mon anniversaire, je reviendrai. Mon adresse sera la boîte 341, *London Morning News* .

Je l'ai lu deux fois, puis j'ai dit : « Eh bien, pourquoi pas vous ?

"Pourquoi je ne fais pas quoi ?"

« Pourquoi ne lui souhaites-tu pas de nombreux et heureux retours ? Cela ne semble pas demander grand-chose.

"Mais elle le dit le jour de son anniversaire."

"Eh bien, quand est son anniversaire?"

"Tu ne comprends pas?" » dit Bobbie. "J'ai oublié."

"Oublié!" J'ai dit.

"Oui", a déclaré Bobbie. "Oublié."

"Comment veux-tu dire, oublié ?" J'ai dit. « Oublié si c'est le vingt ou le vingt et unième, ou quoi ? À quelle distance en êtes-vous ?"

«Je sais que cela s'est produit quelque part entre le 1er janvier et le 31 décembre. Voilà à quel point j'en suis proche.

"Pense."

"Pense? A quoi ça sert de dire « Réfléchissez » ? Vous pensez que je n'ai pas réfléchi ? J'ai fait sortir des étincelles de mon cerveau depuis que j'ai ouvert cette lettre.

"Et tu ne t'en souviens pas?"

"Non."

J'ai sonné et j'ai commandé des restaurateurs.

« Eh bien, Bobbie, dis-je, c'est une affaire assez difficile de s'en prendre à un amateur non entraîné comme moi. Supposons que quelqu'un vienne voir

Sherlock Holmes et lui dise : « M. Holmes, voici un cas pour vous. Quand est l'anniversaire de ma femme ? Cela n'aurait-il pas donné un coup de fouet à Sherlock ? Cependant, j'en sais assez sur le jeu pour comprendre qu'un gars ne peut pas lancer ses théories déductives à moins que vous ne le commenciez avec un indice, alors sortez de cette transe aux yeux éclatants et tombez sur deux ou trois. Par exemple, ne vous souvenez-vous pas de la dernière fois où elle a fêté son anniversaire ? Quel temps faisait-il ? Cela pourrait arranger le mois.

Bobbie secoua la tête.

"C'était juste un temps ordinaire, autant que je me souvienne."

"Chaud?"

"Chaleureux."

"Ou froid?"

« Eh bien, assez froid, peut-être. Je ne m'en souviens pas.

J'en ai commandé deux autres identiques. Ils semblaient indiqués dans le Manuel du Jeune Détective. "Tu es d'une grande aide, Bobbie," dis-je. « Un assistant précieux. Un de ces compléments indispensables sans lesquels aucune maison n'est complète.

Bobbie semblait réfléchir.

« Je l'ai, » dit-il soudain. «Regarde ici. Je lui ai offert un cadeau pour son dernier anniversaire. Il suffit d'aller au magasin, de rechercher la date à laquelle il a été acheté et le tour est joué.

"Absolument. Que lui as-tu donné ?

Il s'est affaissé.

«Je ne m'en souviens pas», dit-il.

Trouver des idées, c'est comme jouer au golf. Certains jours, c'est tout bon, d'autres, c'est aussi simple que de tomber d'une bûche. Je ne pense pas que ce cher vieux Bobbie ait jamais eu deux idées le même matin auparavant dans sa vie ; mais maintenant il le faisait sans effort. Il vient de lâcher un autre Martini sec dans les sous-bois, et avant que vous puissiez vous retourner, cela a provoqué une véritable onde cérébrale.

Connaissez-vous ces petits livres intitulés *Quand es-tu né* ? Il y en a un pour chaque mois. Ils vous révèlent votre caractère, vos talents, vos points forts et vos points faibles à quatre pence et demi par essai. L'idée de Bobbie était d'acheter les douze au complet et de les parcourir jusqu'à ce que nous découvrions quel mois correspondait au personnage de Mary. Cela nous donnerait le mois et le réduirait beaucoup.

Une idée plutôt intéressante pour un non-penseur comme ce cher vieux Bobbie. Nous sommes sortis immédiatement. Il en a pris la moitié et moi la moitié, et nous nous sommes mis au travail. Comme je l'ai dit, ça sonnait bien. Mais quand nous avons abordé le sujet, nous avons vu qu'il y avait un défaut. Il y avait beaucoup d'informations, certes, mais il n'y avait pas un seul mois sans quelque chose qui frappât vraiment Mary. Par exemple, dans le livre de décembre, il est dit : « Les gens de décembre ont tendance à garder leurs propres secrets. Ce sont de grands voyageurs . Eh bien, Mary avait certainement gardé son secret et elle avait suffisamment voyagé pour les besoins de Bobbie. À l'époque, les gens d'octobre étaient « nés avec des idées originales » et « adoraient bouger ». Vous n'auriez pas pu résumer mieux la petite escapade de Mary. Les gens de février avaient des « merveilleux souvenirs » – la spécialité de Mary .

Nous avons pris un peu de repos, puis nous avons recommencé.

Bobbie était tout à fait favorable au mois de mai, car le livre disait que les femmes nées ce mois-là étaient « enclines à être capricieuses, ce qui constitue toujours un obstacle à une vie conjugale heureuse » ; mais j'ai opté pour février , car les femmes de février « sont exceptionnellement déterminées à suivre leur propre voie, sont très sérieuses et attendent un plein retour de la part de leur ou leurs compagnons ». Ce qu'il possédait ressemblait autant à Mary que possible.

Finalement, il déchira les livres, les tamponna, les brûla et rentra chez lui.

C'était merveilleux quel changement les jours suivants ont apporté à ce cher vieux Bobbie. Avez-vous déjà vu cette image, « L' éveil de l'âme » ? Il représente une sorte de clapet regardant d'une manière surprise à mi-distance avec un regard dans les yeux qui semble dire : « C'est sûrement le pas de George que j'entends sur le tapis ! Est-ce que ça peut être de l'amour ? Eh bien, Bobbie a aussi eu un éveil d'âme. Je suppose qu'il n'avait jamais pris la peine de penser dans sa vie auparavant – pas vraiment *de penser* . Mais maintenant, il portait son cerveau jusqu'aux os. Bien sûr, c'était douloureux d'une certaine manière de voir un être humain à ce point plongé dans la soupe, mais j'avais la ferme conviction que c'était pour le mieux. Je pouvais voir aussi clairement que possible que tous ces brainstormings amélioraient Bobbie grâce à ses connaissances. Quand tout cela serait fini, il pourrait peut-être redevenir un pourri, mais ce ne serait qu'un pâle reflet du pourri qu'il avait été. Cela confirmait l'idée que j'avais toujours eue selon laquelle il avait besoin d'un véritable coup de pouce.

Je l'ai vu beaucoup ces jours-ci. J'étais son meilleur ami et il est venu vers moi pour avoir de la sympathie. Je le lui ai donné aussi à deux mains, mais je n'ai jamais manqué de lui donner la Leçon de Morale quand je l'avais faible.

Un jour, il est venu me voir alors que j'étais assis dans le club et j'ai vu qu'il avait eu une idée. Il avait l'air plus heureux qu'il ne l'avait été depuis des semaines.

« Reggie, dit-il, je suis sur la piste. Cette fois, je suis convaincu que j'y arriverai. Je me souviens de quelque chose d'une importance vitale.

"Oui?" J'ai dit.

« Je me souviens très bien, dit-il, que le jour du dernier anniversaire de Mary, nous sommes allés ensemble au Colisée. Qu'est-ce que ça vous fait ?

«C'est un bon moment de mémorisation», dis-je; "mais en quoi ça aide ?"

"Eh bien, ils changent de programme chaque semaine là-bas."

"Ah!" J'ai dit. "Maintenant, tu parles."

« Et la semaine où nous sommes allés à l'un des tours était celui des chats terpsichoréens du professeur Quelqu'un. Je m'en souviens distinctement. Maintenant, est-ce qu'on le réduit, ou pas ? Reggie, je vais au Colisée cette minute, et je vais extraire du doigt la date de ces chats terpsichoréens , si je dois utiliser un pied-de-biche.

Cela l'a donc eu dans les six jours ; car la direction nous traitait comme des frères ; il sortit les archives et passa ses doigts agiles sur les pages jusqu'à ce qu'ils arborent les chats à la mi-mai.

"Je vous ai dit que c'était en mai", a déclaré Bobbie. "Peut-être que tu m'écouteras une autre fois."

"Si vous avez du bon sens," dis-je, "il n'y aura pas d'autre fois."

Et Bobbie a dit que non.

Une fois que vous avez mis votre mémoire en marche, elle se sépare comme si elle aimait le faire. Je venais de m'endormir ce soir-là lorsque là cloche de mon téléphone a sonné. C'était Bobbie, bien sûr. Il ne s'est pas excusé.

« Reggie, dit-il, je l'ai maintenant, c'est certain. C'est juste venu à moi. Nous avons vu ces chats terpsichoréens lors d'une matinée, vieil homme.

"Oui?" J'ai dit.

« Eh bien, ne voyez-vous pas que cela nous ramène à deux jours ? Ce devait être soit le mercredi 7, soit le samedi 10.

"Oui," dis-je, "s'ils n'avaient pas de matinées quotidiennes au Colisée."

Je l'ai entendu pousser une sorte de hurlement.

"Bobbie," dis-je. Mes pieds étaient gelés, mais je l'aimais bien.

"Bien?"

« Je me souviens aussi de quelque chose. C'est ça. Le jour où tu es allé au Colisée, j'ai déjeuné avec vous deux au Ritz. Vous aviez oublié d'apporter de l'argent avec vous, alors vous avez fait un chèque .

"Mais je fais toujours des chèques ."

"Tu es. Mais c'était pour dix dollars, et faits à l'ordre de l'hôtel. Cherchez votre chéquier et voyez combien de chèques de dix livres à l'ordre de l'hôtel Ritz vous avez émis entre le 5 et le 10 mai.

Il poussa une sorte de gorgée.

« Reggie, dit-il, tu es un génie. Je l'ai toujours dit. Je crois que vous l'avez. Rester en ligne."

Bientôt, il revint.

« Salut ! » il a dit.

«Je suis là», dis-je.

«C'était le huitième. Reggie, mon vieux, je… »

"Topping", dis-je. "Bonne nuit."

Cela fonctionnait jusqu'au petit matin maintenant, mais j'ai pensé que je ferais aussi bien d'y passer une nuit et de terminer le travail, alors j'ai appelé un hôtel près du Strand.

"Passez-moi à Mme Cardew ", dis-je.

« Il est tard », dit l'homme à l'autre bout du fil.

"Et j'arrive plus tard chaque minute", dis-je. « Arrêtez-vous, mon garçon . »

J'ai attendu patiemment. Mon sommeil réparateur m'avait manqué et mes pieds étaient très gelés, mais j'avais dépassé les regrets.

"Quel est le problème?" » dit la voix de Mary.

«J'ai froid aux pieds», dis-je. « Mais je ne vous ai pas appelé spécialement pour vous dire cela. Je viens de discuter avec Bobbie, Mme Cardew .

"Oh! est -ce M. Pepper ?

"Oui. Il s'en souvient, Mme Cardew .

Elle poussa une sorte de cri. J'ai souvent pensé à quel point cela devait être intéressant d'être une de ces filles d'échange. Les choses qu'ils doivent entendre, vous ne savez pas. Le hurlement et la déglutition de Bobbie et le cri de Mme Bobbie et tout ce qui concernait mes pieds et tout ça. Cela doit être très intéressant.

"Il s'en souvient!" Elle haleta. "Lui avez-vous dit?"

"Non."

Eh bien, je ne l'avais pas fait.

"M. Poivre."

"Oui?"

« Était-il… est-il… était-il très inquiet ?

J'ai ri. C'est là que j'étais censé être la vie et l'âme de la fête.

"Inquiet! Il était sans doute l'homme le plus inquiet entre ici et Edimbourg. Il s'inquiète comme s'il était payé pour cela par la nation. Il a commencé à s'inquiéter après le petit-déjeuner, et… »

Oh, eh bien, on ne peut jamais le dire avec les femmes. Mon idée était que nous devrions passer le reste de la nuit à nous donner des tapes dans le dos à travers le fil, et à nous dire quels conspirateurs idiots nous étions, vous ne savez pas, et tout ça. Mais j'en étais là, quand elle m'a mordu. Absolument! J'ai entendu le claquement. Et puis elle a dit "Oh!" de cette manière étouffée. Et quand une femme dit « Oh ! comme ça, ça veut dire tous les gros mots qu'elle aimerait dire si seulement elle les connaissait.

Et puis elle a commencé.

« Quelles brutes que sont les hommes ! Quelles horribles brutes ! Comment avez-vous pu rester là et voir ce pauvre cher Bobbie s'inquiéter et avoir de la fièvre, alors qu'un mot de votre part aurait tout arrangé, je ne peux pas...

"Mais--"

« Et tu t'appelles son ami ! Son ami!" (Rire métallique, des plus désagréables.) « Cela montre à quel point on peut se tromper. Avant, je pensais que tu étais un homme bon.

"Mais, dis-je, quand je vous ai suggéré la chose, vous l'avez parfaitement pensé..."

"Je pensais que c'était odieux, abominable."

"Mais tu as dit que c'était absolument top———"

« Je n'ai rien dit de tel. Et si je l'ai fait, je ne le pensais pas. Je ne veux pas être injuste, M. Pepper, mais je dois dire qu'il me semble qu'il y a quelque chose de franchement diabolique chez un homme qui peut faire tout son possible pour séparer son mari de sa femme, simplement pour amuser. lui-même en se réjouissant de son agonie… »

"Mais--!"

«Quand un seul mot aurait…»

"Mais tu m'as fait promettre de ne pas..." J'ai bêlé.

"Et si je le faisais, pensez-vous que je ne m'attendais pas à ce que vous ayez le sens de rompre votre promesse ?"

J'avais terminé. Je n'avais pas d'autres observations à faire. J'ai raccroché le combiné et me suis glissé dans mon lit.

Je vois encore Bobbie quand il vient au club, mais je ne visite pas l'ancienne ferme. Il est sympathique, mais il ne lance pas d'invitations. J'ai croisé Mary à l'Académie la semaine dernière, et ses yeux m'ont traversé comme deux balles dans une noisette de beurre. Et comme ils sortaient de l'autre côté, et que je partais en boitant pour me reconstituer, il m'est venu à l'esprit la simple épitaphe que, quand je ne serai plus, je compte faire inscrire sur ma pierre tombale. C'était ceci : « C'était un homme qui agissait avec les meilleures motivations. Il y en a un qui naît chaque minute.

AIDER FREDDIE

Je ne veux pas vous ennuyer, n'est-ce pas, et toutes ces sortes de pourriture, mais je dois vous parler de ce cher vieux Freddie Meadowes . Je ne suis pas un adepte du style littéraire, et tout ça, mais je demanderai à un écrivain de laver et de rafraîchir le truc quand j'aurai fini, donc tout ira bien.

Cher vieux Freddie, tu ne sais pas, c'est un de mes chers vieux amis depuis des années et des années ; alors, quand je suis entré dans le club un matin et que je l'ai trouvé assis seul dans un coin sombre, le regard vitreux ne regardant rien et ressemblant généralement à la dernière rose de l'été, vous pouvez comprendre que cela m'a assez perturbé. En règle générale, le vieux pourri est la vie et l'âme de notre ensemble. C'est vraiment un petit morceau de plaisir, et tout ce genre de choses.

Jimmy Pinkerton était avec moi à ce moment-là. Jimmy est un type qui écrit des pièces de théâtre – un type plutôt intelligent – et entre nous, nous nous sommes mis au travail pour interroger le pauvre type aux yeux écarquillés , jusqu'à ce que finalement nous comprenions de quoi il s'agissait.

Comme on aurait pu le deviner, c'était une fille. Il s'était disputé avec Angela West, la jeune fille avec qui il était fiancé, et elle avait rompu ses fiançailles. Il ne dit pas sur quoi avait porté cette dispute, mais apparemment, elle en avait assez. Elle ne le laissait pas s'approcher d'elle, refusait de parler au téléphone et renvoyait ses lettres sans les ouvrir.

J'étais désolé pour le pauvre vieux Freddie. Je savais ce que ça faisait. J'étais moi- même amoureux d'une fille appelée Elizabeth Shoolbred , et le fait qu'elle ne pouvait pas me supporter à tout prix sera enregistré dans mon autobiographie. Je connaissais le truc pour Freddie.

"Changement de décor, c'est ce que tu veux, vieil éclaireur," dis-je. «Viens avec moi à Marvis Bay. J'y ai pris un chalet. Jimmy arrive le 24. Nous serons une fête chaleureuse .

"Il a tout à fait raison", a déclaré Jimmy. « Le truc, c'est le changement de décor. J'ai connu un homme. La fille l'a refusé. L'homme est parti à l'étranger. Deux mois plus tard, une fille lui a télégraphié : « Reviens. Muriel. L'homme a commencé à écrire une réponse ; a soudainement découvert qu'il ne pouvait pas se souvenir du nom de famille de la fille ; donc je n'ai jamais répondu du tout.

Mais Freddie ne serait pas réconforté. Il a simplement continué à avoir l'air d'avoir avalé ses derniers six pence. Cependant, je lui ai fait promettre de venir avec moi à Marvis Bay. Il a dit qu'il pourrait aussi bien être là que n'importe où.

Connaissez-vous Marvis Bay? C'est dans le Dorsetshire . Ce n'est pas ce qu'on appellerait un endroit extrêmement excitant, mais il a ses bons côtés. Vous y passez la journée à vous baigner et à vous asseoir sur le sable, et le soir vous vous promenez sur le rivage avec les moucherons. A neuf heures, vous appliquez de la pommade sur les plaies et vous vous couchez.

Cela semblait convenir au pauvre vieux Freddie. Une fois la lune levée et la brise soupirant dans les arbres, on ne pouvait plus le tirer de cette plage avec une corde. Il est devenu un animal de compagnie très populaire auprès des moucherons. Ils attendaient sa sortie et donnaient le miss-in-baulk aux promeneurs en parfait état, juste pour qu'ils soient en bonne condition pour lui.

Oui, c'était une vie paisible, mais à la fin de la première semaine, j'ai commencé à souhaiter que Jimmy Pinkerton s'arrange pour venir plus tôt : car comme compagnon Freddie, le pauvre vieux, n'avait rien à écrire à la maison. mère à propos. Quand il ne mâchait pas sa pipe et ne regardait pas le tapis d'un air renfrogné, il était assis au piano et jouait « Le Rosaire » avec un doigt. Il ne pouvait rien jouer à part « Le Rosaire », et il ne pouvait pas en jouer grand-chose. Vers la troisième mesure, un fusible sautait et il fallait tout recommencer.

Il y jouait comme d'habitude un matin quand je revenais du bain.

"Reggie", dit-il d'une voix creuse en levant les yeux, " je l'ai vue."

« Vous l'avez vue ? J'ai dit. "Quoi, Miss West?"

«J'étais au bureau de poste, je récupérais les lettres, et nous nous sommes rencontrés sur le pas de la porte. Elle m'a coupé !

Il a recommencé « The Rosary » et a dérapé dans la deuxième mesure.

« Reggie, dit-il, tu n'aurais jamais dû m'amener ici. Je dois partir.

"S'en aller?" J'ai dit. « Ne dis pas de telles cochonneries. C'est la meilleure chose qui pouvait arriver. C'est là que vous ressortez fort.

"Elle m'a coupé."

"Pas grave. Soyez un sportif. Lancez-vous encore une fois sur elle.

"Elle avait l'air propre à travers moi!"

«Bien sûr qu'elle l'a fait. Mais cela ne vous dérange pas. Mettez cette chose entre mes mains. Je vais t'accompagner. Maintenant, ce que vous voulez, dis-je, c'est lui imposer une obligation envers vous. Ce que vous voulez, c'est qu'elle vous remercie timidement. Ce que tu veux--"

« Mais de quoi va-t-elle me remercier timidement ?

J'ai réfléchi un instant.

"Gardez votre chance et sauvez-la de la noyade", dis-je.

«Je ne sais pas nager», a déclaré Freddie.

C'était Freddie partout, tu ne sais pas. Un bon vieux bonhomme à mille égards, mais qui n'aide pas un camarade, si vous voyez ce que je veux dire.

Il a remonté le piano une fois de plus et j'ai sprinté vers l'air libre.

Je me suis promené sur le sable et j'ai commencé à réfléchir à cette chose. Il ne faisait aucun doute que le travail cérébral devait être fait par moi. Ce cher vieux Freddie avait de fortes qualités. Il était excellent au polo, et dans des jours plus heureux, je l'ai entendu imiter des chats se battant dans un jardin qui vous aurait surpris. Mais à part ça, ce n'était pas un homme d'entreprise.

Eh bien, tu ne sais pas, j'étais en train de contourner des rochers, le cerveau vrombissant comme une dynamo, quand j'ai aperçu une robe bleue, et, par Jupiter, c'était la fille. Je ne l'avais jamais rencontrée, mais Freddie avait seize photos d'elle disséminées dans sa chambre, et je savais que je ne pouvais pas me tromper. Elle était assise sur le sable, aidant un petit et gros enfant à construire un château. Sur une chaise à proximité se trouvait une vieille dame en train de lire un roman. J'ai entendu la fille l'appeler « tante ». Alors, en faisant les affaires de Sherlock Holmes, j'en ai déduit que le gros enfant était son cousin. Cela m'a frappé que si Freddie avait été là, il aurait probablement essayé de susciter des sentiments à l'égard du gamin sur cette base. Personnellement, je n'y arrivais pas. Je ne pense pas avoir jamais vu un enfant qui m'a rendu moins sentimental. C'était un de ces enfants ronds et bombés.

Après avoir terminé le château, il semblait s'ennuyer de la vie et commença à gémir. La jeune fille l'a emmené là où un type vendait des bonbons sur un stand. Et j'ai continué.

Maintenant, les gars, si vous leur demandez, ils vous diront que je suis un idiot. Eh bien, cela ne me dérange pas. Je l'admets. Je *suis* un idiot. Tous les Peppers ont été des idiots. Mais ce que je dis, c'est que de temps en temps, au moment où on s'y attend le moins, je reçois une onde cérébrale assez chaude ; et c'est ce qui s'est passé maintenant. Je doute que l'idée qui m'est venue à ce moment-là serait venue à l'esprit d'un seul des douzaines de gars les plus intelligents que vous voudriez nommer.

Il m'est venu lors de mon voyage de retour. Je revenais à pied le long du rivage, quand j'ai vu le gros gamin frapper méditativement une méduse avec une pelle. La fille n'était pas avec lui. En fait, il ne semblait y avoir personne en vue. J'allais mourir quand j'ai reçu l'onde cérébrale. J'ai tout pensé en un éclair, tu ne sais pas. D'après ce que j'avais vu des deux, la fille aimait visiblement ce gamin, et de toute façon, c'était son cousin, alors ce que je me suis dit c'était ceci : si j'enlève ce jeune poids lourd pour le moment, et si , alors que la jeune fille s'inquiète terriblement de savoir où il aurait pu arriver, le cher vieux Freddie apparaît soudainement, tenant l'enfant par la main et racontant une histoire selon laquelle il l'a trouvé errant à travers le pays et lui a pratiquement sauvé la vie. , eh bien, la gratitude de la fille est vouée à lui faire abandonner les hostilités et à redevenir amie. Alors j'ai rassemblé l'enfant et je suis parti avec lui. Pendant tout le chemin du retour, j'ai imaginé cette scène de réconciliation. Je pouvais le voir si clairement, ne savez-vous pas, que, par Georg e, cela m'a donné une sensation d'étranglement dans la gorge.

Freddie, mon cher vieux, a été assez lent à entrer dans les détails de l'idée. Quand je suis apparu, portant l'enfant, et que je l'ai déposé dans notre salon, il n'a pas vraiment bouillonné de joie, si vous voyez ce que je veux dire. Le gamin avait commencé à beugler à ce moment-là, et le pauvre vieux Freddie semblait trouver cela plutôt pénible.

"Arrête ça!" il a dit. « Pensez-vous que personne n'a de problèmes à part vous ? Qu'est-ce que c'est que tout ça, Reggie ?

L'enfant est revenu vers lui avec un cri qui a fait trembler la fenêtre. J'ai couru vers la cuisine et j'ai récupéré un pot de miel. C'était la bonne chose. L'enfant a arrêté de beugler et a commencé à s'enduire le visage avec cette substance.

"Bien?" dit Freddie, quand le silence s'installa. J'expliquai l'idée. Au bout d'un moment, cela commença à le frapper.

« Parfois, tu n'es pas aussi idiot que tu en as l'air, Reggie, » dit-il généreusement. "Je dois dire que cela semble plutôt bien."

Et il détacha le chevreau du pot de miel et l'emmena dehors pour parcourir la plage à la recherche d'Angela.

Je ne sais pas quand je me suis senti si heureux. J'aimais tellement ce cher vieux Freddie que savoir qu'il allait bientôt redevenir son ancien brillant moi me donnait l'impression que quelqu'un m'avait laissé environ un million de livres. J'étais adossé au dossier d'une chaise sur la véranda, fumant paisiblement, quand, au bout de la route, j'ai vu le vieux garçon revenir et, par George, le gamin était toujours avec lui. Et Freddie avait l'air de n'avoir aucun ami au monde.

"Bonjour!" J'ai dit. "Tu n'as pas pu la trouver ?"

"Oui, je l'ai trouvée", répondit-il avec un de ces rires amers et creux.

"Eh bien--?"

Freddie se laissa tomber sur une chaise et gémit.

"Ce n'est pas sa cousine, espèce d'idiot !" il a dit.

« Il n'a aucun lien de parenté. C'est juste un enfant qu'elle a rencontré par hasard sur la plage. Elle ne l'avait jamais vu de sa vie.

"Quoi! Qui est-il alors ?

"Je ne sais pas. Oh, Seigneur, j'ai eu un moment ! Dieu merci, vous passerez probablement les prochaines années de votre vie à Dartmoor pour enlèvement. C'est ma seule consolation. Je viendrai te narguer à travers les barreaux.

"Dites-moi tout, mon vieux," dis-je.

Il lui a fallu beaucoup de temps pour raconter l'histoire, car il s'est interrompu au milieu de presque chaque phrase pour m'insulter, mais j'ai progressivement compris ce qui s'était passé. Elle l'avait écouté comme un iceberg pendant qu'il racontait l'histoire qu'il avait préparée, et ensuite... eh bien, elle ne l'avait pas vraiment traité de menteur, mais elle lui avait fait comprendre d'une manière générale que si lui et le Dr Cook un jour, se sont rencontrés et ont commencé à échanger des histoires, il s'agirait du plus grand duel jamais enregistré. Et puis il s'était enfui en rampant avec le gamin, léché jusqu'à l'éclat.

"Et attention, c'est votre affaire", a-t-il conclu. « Je ne suis pas du tout mêlé à cela. Si vous voulez échapper à votre peine, vous feriez mieux d'aller retrouver les parents de l'enfant et de le ramener avant que la police ne vienne vous chercher.

Par Jupiter, tu sais, jusqu'à ce que je commence à parcourir les lieux avec cet enfant infernal, je n'aurais jamais imaginé qu'il aurait été aussi difficile de rendre un enfant à ses parents anxieux. C'est un mystère pour moi de savoir comment les ravisseurs peuvent être arrêtés. J'ai fouillé Marvis Bay comme un limier, mais personne n'est venu réclamer l'enfant. On aurait pu croire, vu le peu d'intérêt qu'il lui portait, qu'il s'y arrêtait tout seul, dans sa propre chaumière. Ce n'est que lorsque, par une inspiration, j'ai pensé demander au marchand de bonbons que j'ai découvert qu'il s'appelait Medwin et que ses parents vivaient dans un endroit appelé Ocean Rest, sur Beach Road.

J'ai tiré comme une flèche et j'ai frappé à la porte. Personne n'a répondu. J'ai encore frappé. J'entendais des mouvements à l'intérieur, mais personne n'est venu. J'allais justement me mettre au travail sur ce heurtoir de manière à ce que l'idée s'infiltre dans la tête de ces gens que je n'étais pas là juste pour m'amuser, quand une voix venant de quelque part au-dessus a crié : « Salut. ! »

J'ai levé les yeux et j'ai vu un visage rond et rose, avec des moustaches grises à l'est et à l'ouest, qui regardait depuis une fenêtre supérieure.

"Salut!" a-t-il encore crié.

"Qu'est-ce que tu veux dire par 'Salut'?" J'ai dit.

"Vous ne pouvez pas entrer", dit le visage. "Bonjour, c'est Tootles ?"

"Je ne m'appelle pas Tootles et je ne veux pas entrer", dis-je. « Êtes-vous M. Medwin ? J'ai ramené votre fils.

"Je le vois. Peep- bo , Tootles ! Papa peut voir ' oo !'

Le visage disparut d'un coup. Je pouvais entendre des voix. Le visage réapparut.

"Salut!"

J'ai baratté le gravier à la folie.

"Vivez-vous ici?" dit le visage.

"Je reste ici quelques semaines."

"Quel est ton nom?"

"Poivre. Mais--"

"Poivre? Un lien avec Edward Pepper, le propriétaire de la mine ?

"Mon oncle. Mais--"

«Je le connaissais bien. Cher vieux Edward Pepper ! J'aurais aimé être avec lui maintenant.

"J'aurais aimé que tu le sois," dis-je.

Il m'a rayonné.

«C'est une grande chance», a-t-il déclaré. «Nous nous demandions ce que nous allions faire de Tootles. Vous voyez, nous avons les oreillons ici. Ma fille Bootles vient de développer les oreillons. Les Tootles ne doivent pas être exposés à des risques d'infection. Nous ne pouvions pas penser à ce que nous allions faire de lui. C'était vraiment une chance que vous l'ayez trouvé. Il s'est éloigné de sa nourrice. J'hésiterais à le confier aux soins d'un étranger, mais vous êtes différent. N'importe quel neveu d'Edward Pepper a ma confiance implicite. Vous devez emmener Tootles chez vous. Ce sera un arrangement idéal. J'ai écrit à mon frère à Londres pour qu'il vienne le chercher. Il sera peut-être là dans quelques jours.

"Peut!"

« C'est un homme occupé, bien sûr ; mais il devrait certainement être là d'ici une semaine. En attendant, Tootles peut s'arrêter avec vous. C'est un excellent plan. Je vous suis très reconnaissant. Votre femme aimera Tootles.

«Je n'ai pas de femme», ai-je crié; mais la fenêtre s'était refermée avec fracas, comme si l'homme aux moustaches avait trouvé un germe qui tentait de s'échapper, vous ne savez pas, et l'avait repoussé juste à temps.

J'ai respiré profondément et je me suis essuyé le front.

La fenêtre s'est à nouveau levée.

"Salut!"

Un colis pesant environ une tonne m'a frappé à la tête et a explosé comme une bombe.

"L'as-tu attrapé?" dit le visage en réapparaissant. «Cher moi, tu l'as raté ! Pas grave. Vous pouvez l'obtenir chez l'épicier. Demandez les chips de petit-déjeuner granulées Bailey's. Tootles les prend au petit-déjeuner avec un peu de lait. Assurez-vous d'acheter Bailey's.

Mon esprit était brisé, si vous voyez ce que je veux dire. J'ai accepté la situation. Prenant Tootles par la main, je m'éloignai lentement. La retraite de Napoléon de Moscou était un pique-nique à côté.

Alors que nous tournions sur la route, nous avons rencontré Angela de Freddie.

Sa vue a eu un effet marqué sur le petit Tootles. Il l'a pointée du doigt et a dit : « Wah !

La jeune fille s'arrêta et sourit. J'ai relâché l'enfant et il a couru vers elle.

"Bien bébé?" dit-elle en se penchant vers lui. « Alors mon père t'a retrouvé, n'est-ce pas ? Votre petit fils et moi nous sommes fait des amis sur la plage ce matin », m'a-t-elle dit.

C'était la limite. En plus de cette interview avec la folle à moustaches, cela m'a tellement énervé, vous ne savez pas, qu'elle avait hoché la tête pour lui dire au revoir et qu'elle était à mi-chemin avant que je reprenne suffisamment mon souffle pour nier l'accusation de étant le père de l'enfant.

Je ne m'attendais pas à ce que ce cher vieux Freddie chante de joie lorsqu'il a découvert ce qui s'était passé, mais je pensais qu'il aurait pu faire preuve d'un courage un peu plus viril. Il se releva d'un bond, lança un regard noir à l'enfant et lui saisit la tête. Il ne parla pas pendant longtemps, mais, par contre, lorsqu'il commençait, il ne s'arrêtait pas longtemps. Il était très ému, mon cher vieux garçon. Cela m'a battu là où il aurait pu capter de telles expressions.

« Eh bien, dit-il quand il eut fini, dis quelque chose ! Cieux! mec , pourquoi tu ne dis pas quelque chose ?

"Tu ne me donnes aucune chance, vieux haut," dis-je d'un ton apaisant.

"Qu'allez-vous faire à ce sujet?"

"Que pouvons-nous y faire?"

« Nous ne pouvons pas passer notre temps à jouer le rôle d'infirmières dans cette… cette exposition. »

Il s'est levé.

«Je retourne à Londres», dit-il.

« Freddie ! » J'ai pleuré. « Freddie, vieil homme ! » Ma voix trembla. « Voudriez-vous abandonner un ami dans un moment comme celui-ci ?

"Je voudrais. C'est votre affaire et vous devez la gérer.

"Freddie," dis-je, "tu dois rester à mes côtés. Vous devez. Réalisez-vous que cet enfant doit être déshabillé, baigné et rhabillé ? Tu ne me laisserais pas faire tout ça tout seul ? Freddie, vieux scout, nous étions à l'école ensemble. Ta mère m'aime bien. Vous me devez dix dollars.

Il se rassit.

"Oh, eh bien," dit-il avec résignation.

"En plus, mon vieux," dis-je, "j'ai fait tout ça pour toi, tu ne sais pas?"

Il m'a regardé d'un air curieux.

« Reggie, » dit-il d'une voix tendue, « un instant. Je supporterai beaucoup, mais je ne supporterai pas qu'on s'attende à ce qu'on soit reconnaissant.

En y repensant, je vois que ce qui m'a sauvé de Colney Hatch pendant cette crise, c'est ma brillante idée d'acheter la plupart des produits de la confiserie locale. En servant des bonbons à l'enfant pratiquement sans cesse, nous avons réussi à passer le reste de la journée de manière assez satisfaisante. À huit heures, il s'est endormi sur une chaise et, après l'avoir déshabillé en déboutonnant tous les boutons en vue et, là où il n'y en avait pas, en tirant jusqu'à ce que quelque chose cède, nous l'avons porté jusqu'au lit.

Freddie regardait la pile de vêtements sur le sol et je savais à quoi il pensait. Déshabiller l'enfant avait été simple : une simple question de muscle. Mais comment le remettre dans ses vêtements ? J'ai remué le tas avec mon pied. Il y avait un long arrangement de linge qui aurait pu être n'importe quoi. Et aussi une bande de flanelle rose qui ne ressemblait à rien sur terre. Nous nous sommes regardés et avons souri faiblement.

Mais le matin, je me suis souvenu qu'il y avait des enfants dans le bungalow voisin, avant un. Nous y sommes allés avant le petit-déjeuner et avons emprunté leur infirmière. Les femmes sont merveilleuses, par George, elles le sont ! Elle a habillé cet enfant et lui a semblé apte à tout en huit minutes environ. Je l'ai comblée de richesses et elle a promis de venir matin et soir. Je me suis assis à nouveau pour le petit-déjeuner, presque joyeux. C'était la première lueur d'espoir qu'il y avait eu jusqu'à présent dans le cloud.

« Et après tout, dis-je, il y a beaucoup à dire sur le fait d'avoir un enfant à la maison, si vous voyez ce que je veux dire. Un peu confortable et domestique, quoi ! »

À ce moment-là, l'enfant renversa le lait sur le pantalon de Freddie et, lorsqu'il revint après avoir changé de vêtements, il commença à parler de l'homme tant décrié qu'était le roi Hérode. Plus il voyait Tootles, dit-il, moins il s'étonnait de ses opinions impulsives sur l'infanticide.

Deux jours plus tard, Jimmy Pinkerton est arrivé. Jimmy jeta un coup d'œil au gamin, qui hurlait à ce moment-là, et prit son portemanteau.

« Pour moi, dit-il, l'hôtel. Je ne peux pas écrire de dialogue avec ce genre de choses qui se passent. À qui appartient cette œuvre ? Lequel d'entre vous a adopté ce petit trésor ?

Je lui ai parlé de M. Medwin et des oreillons. Jimmy semblait intéressé.

"Je pourrais y remédier pour la scène", a-t-il déclaré. "Cela ne créerait pas une mauvaise situation pour le deuxième acte d'une farce."

"Farce!" grogna le pauvre vieux Freddie.

"Plutôt. Rideau du premier acte sur le héros, une sorte d'idiot bien intentionné et à moitié cuit, tout comme, c'est-à-dire un genre d'idiot bien intentionné et à moitié cuit, qui kidnappe l'enfant. Deuxième acte, ses aventures avec. Je vais y aller à la dure ce soir. Viens me montrer l'hôtel, Reggie.

Pendant que nous partions, je lui ai raconté le reste de l'histoire, la partie Angela. Il déposa son porte-manteau et me regarda comme un hibou à travers ses lunettes.

"Quoi!" il a dit. «Eh bien, accrochez-vous, c'est une pièce de théâtre toute faite. C'est la vieille affaire des « Tiny Hand ». Des trucs toujours sûrs. Amants séparés. Enfant qui zozote. Réconciliation autour du petit berceau. C'est gros. Enfant, centre . Fille LC; Freddie, sur scène, près du piano. Freddie peut-il jouer du piano ?

"Il peut jouer un peu du Rosaire avec un seul doigt."

Jimmy secoua la tête.

"Non; il va falloir couper la musique douce. Mais le reste va bien. Regardez ici. Il s'accroupit dans le sable. « Cette pierre, c'est la fille. Ce morceau d'algue est l'enfant. Ce mot est Freddie. Dialogue menant à la file d'attente de l'enfant. L'enfant parle comme : " Dame Boofer , est -ce que j'aime papa ? " Affaires de mains tendues. Tenez la photo pendant un moment. Freddie croise L., prend la main de la fille. Il s'agit d'avaler une boule dans la gorge. Puis grand discours. « Ah, Marie », ou quel que soit son nom – Jane – Agnès – Angela ? Très bien. « Ah, Angela, ça n'a pas duré trop longtemps ? Un petit enfant nous réprimande ! Angèle ! » Et ainsi de suite. Freddie doit composer son propre rôle. Je vous donne juste les grandes lignes. Et nous devons trouver une bonne ligne pour l'enfant. ' Dame Boofer , est-ce que ' oo aime papa ?' n'est pas assez précis. Nous voulons quelque chose de plus – ah ! "Embrasse Freddie", c'est tout. Court, net et qui a du punch.

« Mais, Jimmy, mon vieux, » dis-je, « la seule objection est, tu ne sais pas, qu'il n'y a aucun moyen d'amener la fille au chalet. Elle coupe Freddie. Elle ne s'approcherait pas à moins d'un kilomètre de lui.

Jimmy fronça les sourcils.

«C'est gênant», dit-il. « Eh bien, il faudra en faire un décor extérieur au lieu d'un décor intérieur. Nous pouvons facilement la coincer quelque part sur la plage, lorsque nous sommes prêts. Pendant ce temps, nous devons rendre la lettre de l'enfant parfaite. Première répétition pour les lignes et les affaires, demain onze heures précises.

Le pauvre vieux Freddie était dans un état d'esprit si sombre que nous avons décidé de ne pas lui en parler avant d'avoir fini de coacher l'enfant. Il n'était pas d'humeur à avoir une telle chose qui pesait sur lui. Nous nous sommes donc concentrés sur Tootles. Et assez tôt dans les débats, nous avons vu que la seule façon de mettre Tootles au courant de l'esprit de la chose était d'introduire des friandises comme sous-motiv, pour ainsi dire.

« La principale difficulté, disait Jimmy Pinkerton à la fin de la première répétition, est d'établir un lien dans l'esprit du jeune entre sa réplique et les bonbons. Une fois qu'il a compris le fait fondamental que ces deux mots, prononcés clairement, entraînent automatiquement des gouttes d'acide, nous avons réussi.

J'ai souvent pensé, vous ne savez pas, à quel point il doit être intéressant d'être l'un de ces dresseurs d'animaux Johnnies : pour stimuler l'intelligence naissante, et ce genre de choses. Eh bien, c'était tout aussi excitant. Certains jours, le succès semblait nous regarder dans les yeux, et le gamin lançait la réplique comme s'il avait été un vieux professionnel. Et puis il s'effondrerait à nouveau. Et le temps passait vite.

"Nous devons nous dépêcher, Jimmy," dis-je. "L'oncle du gamin peut arriver d'un jour à l'autre et l'emmener."

"Et nous n'avons pas de doublure", a déclaré Jimmy. « Il y a quelque chose là-dedans. Il faut travailler ! Mon Dieu, ce gamin n'est pas une bonne étude. J'ai connu des sourds-muets qui auraient appris le rôle plus vite. »

Mais je dirai ceci pour le gamin : il était un juge. L'échec ne l'a pas découragé. Chaque fois qu'il y avait une sorte de friandise à proximité, il se précipitait vers sa ligne et continuait à dire quelque chose jusqu'à ce qu'il obtienne ce qu'il cherchait. Son seul défaut était son incertitude. Personnellement, j'aurais été prêt à prendre le risque et à commencer la représentation à la première occasion, mais Jimmy a dit non.

"Nous ne sommes pas encore prêts", a déclaré Jimmy. « Aujourd'hui, par exemple, il a dit « Kick Freddie ». Cela ne gagnera le cœur d'aucune fille. Et elle pourrait le faire aussi. Non; nous devons encore reporter la production pendant un certain temps.

Mais, par George, nous ne l'avons pas fait. Le rideau s'est levé dès le lendemain après-midi.

Ce n'était la faute de personne – certainement pas de la mienne. C'était juste le destin. Freddie s'était installé au piano, et j'étais en train de faire sortir l'enfant de la maison pour qu'il s'exerce, quand, juste au moment où nous sortions sous la véranda, arriva la fille Angela qui se dirigeait vers la plage. L'enfant poussa son cri habituel à sa vue et elle s'arrêta au pied des marches.

"Bonjour bébé!" dit-elle. «Bonjour», m'a-t-elle dit. "Puis-je monter?"

Elle n'a pas attendu de réponse. Elle vient juste d'arriver. Elle semblait être ce genre de fille. Elle est arrivée sur la véranda et a commencé à s'inquiéter pour l'enfant. Et à six pieds de là, remarquez, Freddie frappant le piano dans le salon. C'était une situation très inquiétante, tu ne sais pas. À tout moment, Freddie pouvait s'aviser de sortir sur la véranda, et nous n'avions même pas encore commencé à répéter son rôle.

J'ai essayé de briser la scène.

«Nous allions juste à la plage», dis-je.

"Oui?" dit la jeune fille. Elle écouta un moment. "Alors tu fais accorder ton piano ?" dit-elle. « Ma tante a essayé de trouver un accordeur pour le nôtre. Cela vous dérange-t-il si j'entre et dis à cet homme de venir nous voir quand il aura fini ici ?

" Euh , pas encore!" J'ai dit. « Pas encore, si cela ne vous dérange pas. Il ne supporte pas d'être dérangé lorsqu'il travaille. C'est le tempérament artistique. Je lui dirai plus tard.

"Très bien", dit-elle en se levant pour partir. « Demandez-lui d'appeler à Pine Bungalow. Ouest est le nom. Oh, il semble s'être arrêté. Je suppose qu'il va sortir dans une minute maintenant. J'attendrai."

« Tu ne penses pas… ne devrions-nous pas aller à la plage ? J'ai dit.

Elle avait commencé à parler à l'enfant et ne l'avait pas entendu. Elle cherchait quelque chose dans sa poche.

«La plage», ai-je bavardé.

"Vois ce que j'ai apporté pour toi, bébé," dit-elle. Et, par George, vous ne savez pas, elle a brandi devant les yeux exorbités du gamin un morceau de caramel de la taille de l'Automobile Club.

Cela en a terminé. Nous venions d'avoir une longue répétition, et le gamin était tout énervé dans son rôle. Il a réussi du premier coup.

« Embrasse Fweddie ! » il cria.

Et la porte d'entrée s'ouvrit, et Freddie sortit sur la véranda, comme s'il avait suivi un signal.

Il regarda la fille et la fille le regarda. J'ai regardé le sol et le gamin a regardé le caramel.

« Embrasse Fweddie ! » il cria. « Embrasse Fweddie ! »

La jeune fille tenait toujours le caramel à la main, et le gamin a fait ce que Jimmy Pinkerton aurait appelé « une affaire de mains tendues » à son égard.

« Embrasse Fweddie ! » il a crié.

"Qu'est-ce que cela signifie?" dit la jeune fille en se tournant vers moi.

"Tu ferais mieux de le lui donner, tu ne sais pas," dis-je. "Il continuera jusqu'à ce que vous le fassiez."

Elle a donné son caramel à l'enfant et il s'est calmé. Le pauvre vieux Freddie restait là, bouche bée, sans un mot.

"Qu'est-ce que ça veut dire?" dit encore la jeune fille. Son visage était rose et ses yeux brillaient d'une manière, vous ne savez pas, qui donne à un homme l'impression de n'avoir aucun os en lui, si vous voyez ce que je veux dire. Avez-vous déjà marché sur la robe de votre partenaire lors d'un bal et l'avez déchirée, et l'avez vue vous sourire comme un ange et dire : « *S'il vous plaît, ne vous excusez pas. Ce n'est rien* », et puis soudain vous croisez ses yeux bleu clair et vous avez l'impression d'avoir marché sur les dents d'un râteau et que le manche se soit levé et vous ait frappé au visage ? Eh bien, c'est à ça que ressemblait Angela de Freddie.

" *Bien?* " dit-elle, et ses dents claquèrent légèrement.

J'ai dégluti. Puis j'ai dit que ce n'était rien. Ensuite, j'ai dit que ce n'était pas grand-chose. Puis j'ai dit : « Oh, eh bien, c'était comme ça. » Et après quelques brèves remarques sur Jimmy Pinkerton, je lui ai tout raconté. Et pendant tout ce temps, l'Idiot Freddie restait là, bouche bée, sans un mot.

Et la fille non plus ne parlait pas. Elle restait juste à écouter.

Et puis elle s'est mise à rire. Je n'ai jamais entendu une fille rire autant. Elle s'appuya contre le côté de la véranda et cria. Et pendant tout ce temps, Freddie, le champion du monde idiot, restait là, sans rien dire.

Eh bien, je me suis dirigé vers les marches. J'avais dit tout ce que j'avais à dire, et il me semblait que par ici la mise en scène « sortie » était écrite dans mon rôle. J'ai abandonné le pauvre vieux Freddie, désespéré. Si seulement il avait dit un mot, ça aurait pu aller. Mais il restait là, sans voix. Que peut faire un type avec un type comme ça ?

Juste hors de vue de la maison, j'ai rencontré Jimmy Pinkerton.

« Bonjour, Reggie ! » il a dit. «Je venais juste vers toi. Où est le gamin ? Nous devons avoir une grande répétition aujourd'hui.

"Pas bon," dis-je tristement. "C'est fini. C'est fini. Le pauvre vieux Freddie s'est ridiculisé et a tué toute la série.

"Dis-moi", dit Jimmy.

Je lui ai dit.

« Il a été gonflé dans ses répliques, n'est-ce pas ? » dit Jimmy en hochant la tête pensivement. « C'est toujours comme ça avec ces amateurs. Il faut y retourner immédiatement. Les choses semblent mauvaises, mais il n'est peut-être pas trop tard », a-t-il déclaré au début. « Encore quelques paroles bien choisies de la part d'un homme du monde, et… »

“Super écossais!” J'ai pleuré. "Regarder!"

Devant la maison se tenaient six enfants, une nourrice et le type de l'épicier qui regardaient fixement. Des fenêtres des maisons d'en face sortaient environ quatre cents têtes des deux sexes, qui regardaient fixement. Sur la route arrivèrent au galop cinq autres enfants, un chien, trois hommes et un garçon, sur le point de nous regarder. Et sur notre porche, aussi inconscients des spectateurs que s'ils avaient été seuls dans le Sahara, se tenaient Freddie et Angela, serrés dans les bras l'un de l'autre.

Le cher vieux Freddie était peut-être moelleux dans ses répliques, mais, par George, ses affaires avaient certainement connu un succès retentissant !

RALLYE AUTOUR DU VIEUX GEORGE

Je pense que l'une des affaires les plus rameuses dans lesquelles j'ai jamais été mêlée, au cours d'une vie consacrée à me mêler des affaires des autres, a été celle de George Lattaker à Monte-Carlo. Je ne vous ennuierais pour rien au monde, vous ne savez pas, mais je pense que vous devriez en entendre parler.

Nous étions venus à Monte-Carlo sur le yacht *Circé*, appartenant à un vieux sportif du nom de Marshall. Parmi les personnes présentes se trouvaient moi-même, mon homme Voules , une Mme Vanderley , sa fille Stella, la femme de chambre de Mme Vanderley, Pilbeam et George.

George était un de mes vieux amis. En fait, c'était moi qui l'avais intégré au parti. Vous voyez, George devait rencontrer son oncle Augustus, qui devait, alors que George venait d'atteindre son vingt-cinquième anniversaire, lui remettre un héritage laissé par l'une des tantes de George, dont il avait été le fiduciaire. La tante était décédée alors que George était encore un enfant. C'était un rendez-vous que George attendait avec impatience ; car, bien qu'il ait une sorte de revenu, un revenu, après tout, n'est qu'un revenu, alors qu'un morceau de gobelins est un tas. L'oncle de George était à Monte-Carlo et avait écrit à George qu'il viendrait à Londres et qu'il détacherait sa ceinture ; mais il m'a semblé qu'un bien meilleur plan était que George aille plutôt chez son oncle à Monte-Carlo. Tu fais d'une pierre deux coups, tu ne sais pas. Réglez ses affaires et passez d'agréables vacances en même temps. George nous avait donc suivis, et au moment où les ennuis ont commencé, nous étions ancrés dans le port de Monaco , et oncle Augustus devait arriver le lendemain.

Avec le recul, je peux dire que, pour autant que j'y ai été mêlé, tout a commencé à sept heures du matin, lorsque j'ai été réveillé d'un sommeil sans rêves par les ennuis d'une bagarre en cours en dehors de mon état. porte de la chambre. Les principaux ingrédients étaient une voix féminine qui sanglotait et disait : « Oh, Harold ! et une voix masculine « élevée en colère », comme on dit, que, après beaucoup de difficultés, j'ai identifiée comme étant celle de Voules . Je l'ai à peine reconnu. En sa qualité officielle, Voules parle exactement comme on s'attendrait à ce qu'une statue parle, si elle le pouvait. En privé, cependant, il se détendait dans une certaine mesure, et voir ce genre de choses se produire parmi moi à cette heure-là était trop pour moi.

« Voules !» J'ai crié.

Spion Kop s'arrêta brusquement. Il y eut un silence, puis des sanglots s'atténuant au loin, et enfin un coup frappé à la porte. Voules est entré avec cet air impressionnant de monsieur le carrosse qui attend et c'est pour cela que je le paie. Vous n'auriez pas cru qu'il avait la moindre émotion en lui.

« Voules », dis-je, « croyez-vous que je vais être la reine du mois de mai ? Vous m'avez appelé plus tôt, d'accord. Il n'est que sept heures.

"J'ai compris que vous me convoquiez, monsieur."

"Je t'ai convoqué pour savoir pourquoi tu faisais ce bruit infernal dehors."

«Je vous dois des excuses, monsieur. J'ai peur d'avoir élevé la voix dans le feu de l'action.

« C'est étonnant que vous n'ayez pas soulevé le toit. Qui était-ce avec toi ?

« Miss Pilbeam , monsieur ; La femme de chambre de Mme Vanderley .

« De quoi s'agissait-il ? »

"Je rompais nos fiançailles, monsieur."

Je ne pouvais m'empêcher de rester bouche bée. D'une manière ou d'une autre, on n'associait pas les Voules aux engagements. Puis j'ai compris que je n'avais pas le droit de me mêler de ses chagrins secrets, alors j'ai changé de conversation.

"Je pense que je vais me lever", dis-je.

"Oui Monsieur."

« J'ai hâte de prendre le petit-déjeuner avec les autres. Pouvez-vous m'en procurer tout de suite ?

"Oui Monsieur."

J'ai donc pris un petit-déjeuner en solitaire et je suis monté sur le pont pour fumer. C'était une merveilleuse matinée. Mer bleue, Casino étincelant, ciel sans nuages, et tout le reste de l'hippodrome. Bientôt, les autres commencèrent à arriver. Stella Vanderley a été l'une des premières. Je pensais qu'elle avait l'air un peu pâle et fatiguée. Elle a dit qu'elle n'avait pas bien dormi. Cela expliquait cela. À moins que vous n'obteniez vos huit heures, où en êtes-vous ?

« Vous avez vu George ? » J'ai demandé.

Je ne pouvais m'empêcher de penser que ce nom semblait la figer un peu. Ce qui était étrange, car tout au long du voyage, elle et George avaient été des amis particulièrement proches. En fait, je m'attendais à tout moment à ce que George vienne vers moi, glisse sa petite main dans la mienne et murmure : « J'ai réussi, vieil éclaireur ; elle adore muh !

«Je n'ai pas vu M. Lattaker », a-t-elle déclaré.

Je n'ai pas approfondi le sujet. Le stock de George était apparemment bas ce matin-là.

programme de la journée est survenu quelques minutes plus tard, lorsque les journaux du matin sont arrivés.

Mme Vanderley ouvrit la sienne et poussa un cri.

« Les pauvres, cher prince ! dit-elle.

« Quelle chose choquante ! » dit le vieux Marshall.

«Je l'ai connu à Vienne», a déclaré Mme Vanderley . "Il valsait divinement."

Ensuite, je suis arrivé au mien et j'ai vu de quoi ils parlaient. Le journal en était plein. Il semblait que tard dans la nuit précédente, Son Altesse Sérénissime le prince de Saxburg-Leignitz (je me demande toujours pourquoi ils appellent ces types « Sereins ») avait été assassiné dans une rue sombre alors qu'il revenait du casino à son yacht. Apparemment, il avait pris l'habitude de se déplacer sans escorte, et un voyou, profitant de cette situation, s'était jeté sur lui et l'avait frappé avec beaucoup de vigueur. Le Prince avait été retrouvé étendu, assez tabassé et insensible dans la rue par un piéton qui passait, et avait été ramené à son yacht, où il gisait toujours inconscient.

"Cela ne fera aucun bien à quelqu'un", ai-je dit. « Qu'obtenez-vous en frappant une Altesse Sérénissime ? Je me demande s'ils vont attraper ce type ? »

« « Plus tard », lut le vieux Marshall, « « le piéton qui a découvert Son Altesse Sérénissime s'avère être M. Denman Sturgis, l'éminent détective privé. M. Sturgis a proposé ses services à la police et semble être en possession d'un indice des plus importants. C'est le type qui était en charge de cette affaire d'enlèvement à Chicago. Si quelqu'un peut attraper cet homme, c'est lui qui le peut.

Environ cinq minutes plus tard, alors que le reste d'entre eux s'apprêtait à partir prendre le petit-déjeuner, un bateau nous a hélé et s'est approché. Un homme grand et mince remonta la passerelle. Il regarda autour du groupe et fixa le vieux Marshall comme le probable propriétaire du yacht.

«Bonjour», dit-il. « Je crois que vous avez un M. Lattaker à bord – M. Georges Lattaker ?

"Oui", a déclaré Marshall. « Il est en bas. Tu veux le voir ? À qui dois-je répondre ?

« Il ne connaîtrait pas mon nom. J'aimerais le voir un instant pour une affaire un peu urgente.

"Assieds-toi. Il sera debout dans un instant. Reggie, mon garçon, va le dépêcher.

Je suis descendu dans la cabine de George.

« Georges, vieil homme ! J'ai crié.

Pas de réponse. J'ai ouvert la porte et je suis entré. La pièce était vide. De plus, on n'avait pas dormi dans la couchette. Je ne sais pas quand j'ai été plus surpris. Je suis monté sur le pont.

«Il n'est pas là», dis-je.

"Pas ici!" dit le vieux Marshall. « Où est-il alors ? Peut-être qu'il est parti se promener à terre. Mais il reviendra bientôt pour le petit-déjeuner. Tu ferais mieux de l'attendre. Avez -vous déjeuné ? Non? Alors, tu nous rejoindras ?

L'homme a dit qu'il le ferait, et à ce moment-là, le gong a sonné et ils sont descendus en troupe, me laissant seul sur le pont.

Je restais assis à fumer et à réfléchir, puis je fumais encore un peu quand je crus entendre quelqu'un m'appeler dans une sorte de murmure rauque. J'ai regardé par-dessus mon épaule et, près de Jupiter, là, au sommet de l'allée, en tenue de soirée, poussiéreux jusqu'aux sourcils et sans chapeau, se trouvait ce cher vieux George.

"Super écossais!" J'ai pleuré.

" ' Chut ! " Il murmura. « Y a-t-il quelqu'un ? »

"Ils sont tous descendus au petit-déjeuner."

Il poussa un soupir de soulagement, se laissa tomber sur ma chaise et ferma les yeux. Je le regardais avec pitié. Le pauvre vieux garçon avait l'air d'une épave.

"Je dis!" Dis-je en lui touchant l'épaule.

Il sauta de sa chaise avec un cri étouffé.

"As-tu fais ça? Pourquoi as-tu fait ça ? Quel est le sens de cela ? Comment pensez-vous que vous pourrez un jour devenir populaire si vous touchez les gens par l'épaule ? Mes nerfs dépassent un mètre de mon corps ce matin, Reggie ! »

"Oui, mon vieux?"

"J'ai commis un meurtre hier soir."

"Quoi?"

« C'est le genre de chose qui peut arriver à n'importe qui. Dès que Stella Vanderley a rompu nos fiançailles, je... »

« Vous avez rompu vos fiançailles ? Combien de temps avez-vous été fiancé ?

« Environ deux minutes. C'était peut-être moins. Je n'avais pas de chronomètre. Je lui ai proposé hier soir à dix heures au saloon. Elle m'a accepté. J'allais justement l'embrasser quand nous avons entendu quelqu'un arriver. Je suis sorti. Dans le couloir, il y avait cette infernale comment s'appelle-Mme. La femme de chambre de Vanderley— Pilbeam . As-tu déjà été accepté par la fille que tu aimes, Reggie ?

"Jamais. On m'a refusé des dizaines... »

« Alors tu ne comprendras pas ce que je ressentais. J'étais fou de joie. Je savais à peine ce que je faisais. Je sentais juste que je devais embrasser la chose la plus proche à portée de main. Je ne pouvais pas attendre. C'était peut-être le chat du navire. Ce n'était pas le cas. C'était Pilbeam .

"Tu l'as embrassée?"

«Je l'ai embrassée. Et juste à ce moment-là, la porte du salon s'est ouverte et Stella est sortie.

« Super Scott ! »

« Exactement ce que j'ai dit. Je me suis rendu compte que pour Stella, ma chère fille, ne connaissant pas les circonstances, la chose pouvait paraître un peu étrange. Ça faisait. Elle a rompu les fiançailles, j'ai sorti le canot et je suis parti à la rame. J'étais fou. Je me fichais de ce qui m'arrivait. Je voulais simplement oublier. Je suis allé à terre. Je... Il est probable que j'ai peut-être un peu noyé mes chagrins. Quoi qu'il en soit, je ne me souviens de rien, sauf que je me souviens d'avoir eu deux bagarres avec quelqu'un dans une rue sombre et quelqu'un qui tombait, et moi-même tombant, et moi-même en train de l'affronter de toutes mes forces. Je me suis réveillé ce matin dans les jardins du Casino. J'ai perdu mon chapeau.

J'ai plongé pour le journal.

« Lisez », dis-je. "Tout est là."

Il lit.

"Bonté divine!" il a dit.

"Vous n'avez rien fait à Ses Plumes Sereines, n'est-ce pas ?"

"Reggie, c'est horrible."

"Remonter le moral. On dit qu'il s'en remettra.

"Cela n'a pas d'importance."

"Ça lui fait du mal."

Il relut le journal.

"Ça dit qu'ils ont une idée."

"Ils disent toujours ça."

"Mais... Mon chapeau !"

"Hein?"

"Mon chapeau. J'ai dû le laisser tomber pendant la ferraille. Cet homme, Denman Sturgis, a dû le trouver. Il y avait mon nom dessus !

« George, dis-je, tu ne dois pas perdre de temps. Oh!"

Il sauta d'un pied en l'air.

"Ne le fais pas!" dit-il avec irritation. « N'aboie pas comme ça. Quel est le problème?"

"L'homme!"

"Quel homme?"

« Un homme grand et mince avec un œil en forme de vrille. Il est arrivé juste avant vous. Il est au saloon maintenant, en train de prendre son petit-déjeuner. Il a dit qu'il voulait vous voir pour affaires et qu'il ne voulait pas donner son nom. Je n'ai pas aimé son look dès le début. C'est ce camarade Sturgis. Ce doit être."

"Non!"

"Je le sens. Je suis sur et certain."

« Avait-il un chapeau ?

"Bien sûr qu'il avait un chapeau."

"Idiot! Je veux dire le mien. Portait-il un chapeau ?

« Par Jupiter, il *portait* un colis. George, vieil éclaireur, tu dois y aller. Vous devez vous en aller si vous voulez passer le reste de votre vie hors de prison. Frapper une Altesse Sérénissime est *un crime de lèse-majesté* . C'est pire que de frapper un policier. Vous n'avez pas un instant à perdre.

« Mais je n'ai pas d'argent. Reggie, mon vieux, prête-moi une pièce de dix dollars ou quelque chose comme ça. Je dois franchir immédiatement la frontière italienne. Je vais appeler mon oncle pour qu'il me rejoigne à… »

« Attention », m'écriai-je ; "Il y a quelqu'un qui arrive!"

Il plongea hors de vue au moment où Voules remontait la descente, portant une lettre sur un plateau.

"Quel est le problème! " J'ai dit. "Que veux-tu?"

« Je vous demande pardon, monsieur. Je pensais avoir entendu la voix de M. Lattaker . Une lettre est arrivée pour lui.

"Il n'est pas là."

"Non monsieur. Dois-je supprimer la lettre ?

"Non; donne le moi. Je le lui donnerai quand il viendra.

"Tres bien Monsieur."

« Oh, Voules ! Sont-ils tous encore au petit-déjeuner ? Le monsieur qui est venu voir M. Lattaker ? Toujours aussi dur ?

"Il s'occupe actuellement d'un hareng hareng, monsieur."

« Ah ! C'est tout, Voules .

"Merci Monsieur."

Il a pris sa retraite. J'ai appelé George et il est sorti.

"Qui était-ce?"

« Seulement Voules . Il a apporté une lettre pour vous. Ils sont encore tous en train de prendre leur petit-déjeuner. Le détective mange du hareng.

« Cela va le retenir un peu. Plein d'os. Il commença à lire sa lettre. Il poussa une sorte de grognement de surprise dès le premier paragraphe.

"Eh bien, je suis pendu!" » dit-il en finissant.

"Reggie, c'est une chose étrange."

"Qu'est ce que c'est?"

Il m'a remis la lettre et dès que j'ai commencé à la lire, j'ai compris pourquoi il avait grogné. Voici comment cela s'est déroulé :

« Mon cher George, je vous verrai demain, j'espère ; mais je pense qu'il est préférable, avant de nous rencontrer, de vous préparer à une situation curieuse qui s'est produite à propos de l'héritage que votre père a hérité de votre tante Emily, et que vous attendez de moi, en tant que fiduciaire, pour vous remettre. , maintenant que vous avez atteint votre vingt-cinquième anniversaire. Vous avez sans doute entendu votre père parler de votre frère jumeau Alfred, qui a été perdu ou kidnappé – ce qui n'a jamais été établi – alors que vous étiez tous les deux bébés. Lorsqu'on était sans nouvelles de lui depuis tant d'années, on croyait qu'il était mort. Hier, cependant, j'ai reçu une lettre affirmant qu'il avait vécu tout ce temps à Buenos Ayres en tant que fils adoptif d'un riche sud-américain et qu'il n'avait découvert son identité que récemment. Il déclare qu'il est en route pour me rencontrer et qu'il arrivera d'un jour à l'autre. Bien sûr, comme d'autres demandeurs, il peut s'avérer être un imposteur, mais entre-temps, son intervention entraînera, je le crains, un certain délai avant que je puisse vous remettre votre argent. Il faudra procéder à un examen approfondi des qualifications, etc., et cela prendra un certain temps. Mais j'entrerai dans le vif du sujet avec vous lors de notre rencontre. — Votre affectueux oncle,

« AUGUSTUS ARBUTT. »

Je l'ai lu deux fois, et la deuxième fois, j'ai eu une de ces idées que j'ai parfois, même si je suis certes un idiot de la première classe. J'ai rarement eu une onde cérébrale aussi intense.

"Eh bien, mon vieux," dis-je, "ça te laisse sortir."

« Ça me permet de récupérer la moitié de cet argent, si c'est ce que tu veux dire. Si ce type n'est pas un imposteur – et il n'y a aucune raison terrestre de supposer qu'il le soit, même si je n'ai jamais entendu mon père dire un mot à son sujet – nous devrons partager l'argent. Le testament de tante Emily a laissé l'argent à mon père ou, à son défaut, à sa « progéniture ». Je pensais que cela signifiait moi, mais apparemment nous sommes nombreux . J'appelle cela un travail pourri, celui de donner naissance à une progéniture inattendue à un type comme celui-ci à la onzième heure.

"Eh bien, espèce d'idiot," dis-je, "ça va te sauver. Cela vous permet de sortir de votre course spectaculaire à travers la frontière. Tout ce que tu as à faire c'est de rester ici et d'être ton frère Alfred. Cela m'est venu en un éclair.

Il m'a regardé d'un air un peu hébété.

"Tu devrais être dans une sorte de maison, Reggie."

"Cul!" J'ai pleuré. « Tu ne comprends pas ? Avez-vous déjà entendu parler de frères jumeaux qui ne se ressemblaient pas exactement ? Qui peut dire que vous n'êtes pas Alfred si vous le jurez ? Ton oncle sera là pour te confirmer que tu as un frère Alfred.

"Et Alfred sera là pour me traiter de menteur."

« Il ne le fera pas. Ce n'est pas comme si vous deviez continuer ainsi pour le reste de votre vie. Il ne reste qu'une heure ou deux avant que nous puissions faire descendre ce détective du yacht. Nous partons pour l'Angleterre demain matin.

Finalement, la chose parut s'enfoncer en lui. Son visage s'éclaira.

"Eh bien, je crois vraiment que cela fonctionnerait", a-t-il déclaré.

«Bien sûr que ça marcherait. S'ils veulent une preuve, montrez-leur votre grain de beauté. Je jurerais que George n'en avait pas.

« Et en tant qu'Alfred, je devrais avoir la chance de parler à Stella et d'arranger les choses pour George. Reggie, mon vieux, tu es un génie.

"Non non."

"Tu *es* ."

« Eh bien, ce n'est que parfois. Je ne peux pas continuer comme ça.

Et juste à ce moment-là, il y eut une légère toux derrière nous. Nous avons fait demi-tour.

« Que diable fais-tu ici, Voules ? » dis-je.

« Je vous demande pardon, monsieur. J'ai tout entendu.

J'ai regardé Georges. Georges m'a regardé.

« Voules va bien», dis-je. « Voules décentes ! Voules ne nous trahirait pas, n'est-ce pas, Voules ?

"Oui Monsieur."

« Vous le feriez ? »

"Oui Monsieur."

« Mais, Voules , mon vieux, dis-je, sois raisonnable. Qu'y gagneriez-vous ?

"Financièrement, monsieur, rien."

— Alors qu'en te taisant, — je lui frappai la poitrine, — en te taisant, Voules , en n'en parlant à personne, Voules , mon vieux, tu pourrais gagner une somme considérable.

« Dois-je comprendre, monsieur, que, parce que vous êtes riche et moi pauvre, vous pensez pouvoir acheter mon estime de soi ?

"Oh, viens!" J'ai dit.

"Combien?" dit Voules .

Nous sommes donc passés aux termes. Vous ne croiriez pas la façon dont cet homme marchandait. On aurait pensé qu'un serviteur honnête et fidèle serait ravi de vous aider dans une petite affaire comme celle-là pour cinq dollars. Mais pas Voules . En aucun cas. Il en restait une centaine, et la promesse d'en avoir une autre centaine quand nous serions partis sains et saufs, avant qu'il ne soit satisfait. Mais nous avons finalement réparé le problème, et le pauvre vieux George est descendu dans sa cabine et a changé de vêtements.

À peine était-il parti que les convives du petit-déjeuner arrivaient sur le pont.

"L'as-tu rencontré?" J'ai demandé.

"Rencontrer qui?" dit le vieux Marshall.

«Alfred, le frère jumeau de George.»

"Je ne savais pas que George avait un frère."

lui non plus jusqu'à hier. C'est une longue histoire. Il a été kidnappé alors qu'il était enfant et tout le monde pensait qu'il était mort. George avait une lettre de son oncle à son sujet hier. Je ne devrais pas me demander si c'est là que George est allé, pour voir son oncle et en savoir plus. Entre-temps, Alfred est arrivé. Il est maintenant dans la cabine de George, en train de se rafraîchir. Cela vous étonnera, la ressemblance entre eux. Au début, vous penserez que c'est *George* . Regarder! Tiens le voilà."

Et George arriva, brossé et propre, dans un costume de yacht ordinaire.

Ils étaient secoués. Cela ne faisait aucun doute. Ils le regardaient, comme s'ils pensaient qu'il y avait un piège quelque part, mais ils ne savaient pas vraiment où il se trouvait. Je l'ai présenté, mais ils semblaient toujours dubitatifs.

"M. Pepper me dit que mon frère n'est pas à bord », a déclaré George.

« C'est une ressemblance étonnante », dit le vieux Marshall.

« Est-ce que mon frère est comme moi ? » demanda aimablement George.

"Personne ne pourrait vous distinguer", dis-je.

"Je suppose que les jumeaux se ressemblent toujours", a déclaré George. « Mais si jamais il s'agissait d'une question d'identification, il y aurait une façon de nous distinguer. Connaissez-vous bien George, M. Pepper ?

"C'est un vieux copain à moi."

« Vous avez peut-être nagé avec lui ?

« Tous les jours en août dernier. »

"Eh bien, alors, vous l'auriez remarqué s'il avait eu un grain de beauté comme celui-ci sur la nuque, n'est-ce pas ?" Il lui tourna le dos, se baissa et montra la taupe. Son collier le cachait en temps ordinaire. Je l'avais souvent vu lorsque nous nous baignions ensemble.

« George a-t-il un grain de beauté comme ça ? Il a demandé.

"Non J'ai dit. "Oh non."

« Vous l'auriez remarqué s'il l'avait fait ? »

"Oui," dis-je. "Oh oui."

«J'en suis content», a déclaré George. "Ce serait une nuisance de ne pas pouvoir prouver sa propre identité."

Cela semblait les satisfaire tous. Ils ne pouvaient pas y échapper. Il me semblait que désormais c'était une simple promenade. Et je pense que George a ressenti la même chose, car lorsque le vieux Marshall lui a demandé s'il avait pris un petit-déjeuner, il a répondu que non, est descendu et a participé comme s'il s'en fichait du monde.

Tout s'est bien passé jusqu'à l'heure du déjeuner. George était assis à l'ombre sur le pont avant et parlait avec Stella la plupart du temps. Quand le gong a sonné et que le reste a commencé à descendre, il m'a ramené. Il rayonnait.

«Tout va bien», dit-il. "Qu'est-ce que je t'avais dit?"

"Qu'est-ce que tu m'as dit?"

"Eh bien, à propos de Stella. N'ai-je pas dit qu'Alfred arrangerait les choses pour George ? Je lui ai dit qu'elle avait l'air inquiète et je lui ai demandé de me dire quel était le problème. Et puis--"

"Vous avez dû faire preuve d'un éclair de rapidité si vous l'avez amenée à se confier à vous après vous avoir connu pendant environ deux heures."

« Peut-être que oui, » dit George modestement, « avant de devenir lui, je n'avais aucune idée à quel point mon frère Alfred était un type persuasif. Quoi qu'il en soit, elle m'a tout raconté et j'ai commencé à lui montrer que George était un type plutôt bon dans l'ensemble, qu'on ne devrait pas refuser pour ce qui n'était évidemment qu'une folie passagère. Elle a compris mon point de vue.

« Et tout va bien ? »

« Absolument, si seulement nous pouvions produire George. Combien de temps encore ce détective infernal compte-t-il rester ici ? Il semble avoir pris racine.

"J'imagine qu'il pense que tu reviendras forcément tôt ou tard et qu'il t'attend."

«C'est une véritable nuisance», a déclaré George.

Nous nous dirigions vers le chemin de descente, pour descendre déjeuner, lorsqu'un bateau nous héla. Nous sommes allés sur le côté et avons regardé.

«C'est mon oncle», dit George.

Un homme costaud remonta la passerelle.

« Salut , George ! » il a dit. « Recevoir ma lettre ? »

"Je pense que vous me prenez pour mon frère", a déclaré George. "Je m'appelle Alfred Lattaker ."

"Qu'est ce que c'est?"

«Je suis Alfred, le frère de George. Êtes-vous mon oncle Augustus ?

Le gros homme le regarda.

« Vous ressemblez beaucoup à George, » dit-il.

"Alors tout le monde me le dit."

"Et tu es vraiment Alfred?"

"Je suis."

"J'aimerais parler affaires avec vous pendant un moment."

Il a levé les yeux vers moi. Je me suis éloigné et suis descendu.

Au pied des pas du compagnon j'ai rencontré Voules .

«Je vous demande pardon, monsieur», dit Voules . "Si cela me convenait, je serais heureux d'avoir l'après-midi libre."

Je dois dire que j'ai plutôt aimé ses manières. Absolument normal. Aucune trace du conspirateur à ce sujet. Je lui ai donné un après-midi libre.

J'ai déjeuné – George n'est pas venu – et alors que je sortais, j'ai été attaqué par la fille Pilbeam . Elle pleurait.

« Je vous demande pardon, monsieur, mais est-ce que M. Voules vous a demandé l'après-midi ?

Je ne voyais pas ce qui la concernait, mais elle semblait toute excitée, alors je lui ai dit.

"Oui, je lui ai donné un après-midi de congé."

Elle s'est effondrée – complètement effondrée. C'était diablement désagréable. Je suis désespéré dans une situation comme celle-ci. Après avoir dit : « Là, là ! ce qui n'a pas semblé beaucoup aider, je n'avais aucune remarque à faire.

"Il a dit qu'il allait aux tables pour jouer toutes ses économies et ensuite se suicider, parce qu'il n'avait plus aucune raison de vivre."

Je me suis soudainement souvenu de la bagarre survenue aux petites heures devant la porte de ma cabine. Je déteste les mystères. Je voulais aller au fond des choses. Je ne pouvais pas laisser un valet de première classe comme Voules se promener en se tirant une balle. De toute évidence, la fille Pilbeam était à l'origine du problème. Je l'ai interrogée. Elle sanglotait.

Je l'ai interrogée davantage. J'étais ferme. Et finalement, elle a dévoilé les faits. Voules avait vu Georges l'embrasser la veille ; c'était ça le problème.

Les choses ont commencé à se reconstituer. Je suis allé interviewer George. Il allait y avoir une autre tâche pour persuader Alfred. L'esprit de Voules devait être apaisé comme celui de Stella. Je ne pouvais pas me permettre de perdre un type aussi doué pour préserver un pli de pantalon.

J'ai trouvé George sur le pont avant. Qu'est-ce que Shakespeare ou quelqu'un dit à propos du visage d'un type malade et pâle de souci ? George était comme ça. Il avait l'air vert.

« Tu en as fini avec ton oncle ? » J'ai dit.

Il eut un sourire fantomatique.

« Il n'y a pas d'oncle », dit-il. « Il n'y a pas d'Alfred. Et il n'y a pas d'argent.

"Explique-toi, vieux haut," dis-je.

« Cela ne prendra pas longtemps. Le vieil escroc a dépensé chaque centime de l'argent de la fiducie. Il fait ça depuis des années, depuis que je suis enfant. Quand le moment est venu de cracher, et que je devais m'assurer qu'il le faisait, il est allé aux tables dans l'espoir d'une chance et a perdu le dernier reste de l'affaire. Il a dû trouver un moyen de me retenir un moment et de reporter la règlementation des comptes le temps de s'enfuir, et il a inventé cette affaire de frères jumeaux. Il savait que je le saurais tôt ou tard, mais entre-temps, il pourrait partir pour l'Amérique du Sud, ce qu'il a fait. Il est en route maintenant.

« Vous l'avez laissé partir ?

"Que pouvais-je faire? Je ne peux pas me permettre de faire des histoires avec cet homme qui est dans les parages de Sturgi. Je ne peux pas prouver qu'Alfred n'existe pas alors que ma seule chance d'éviter la prison est d'être Alfred.

"Eh bien, de toute façon, vous avez réussi à arranger les choses avec Stella Vanderley ", lui ai-je dit pour lui remonter le moral.

« À quoi ça sert maintenant ? Je n'ai pratiquement pas d'argent et aucune perspective. Comment puis-je l'épouser ?

J'ai réfléchi.

« Il me semble, mon vieux, » dis-je enfin, « comme si les choses étaient un peu en désordre. »

« Vous l'avez deviné », dit le pauvre vieux George.

J'ai passé l'après-midi à réfléchir sur la vie. Si vous y réfléchissez, quelle drôle de chose la vie ! Donc, contrairement à tout le reste, vous ne savez pas, si vous voyez ce que je veux dire. À tout moment, vous pouvez vous promener paisiblement, et tout le temps, la vie attend au coin de la rue pour vous en chercher un. Vous ne pouvez pas savoir quand vous l'obtiendrez. Tout cela est énigmatique. C'était là que se trouvait le pauvre vieux George, l'homme le plus bien intentionné qui ait jamais existé, se faisant écraser sur tout le ring par la main du Destin. Pourquoi? C'est ce que je me suis demandé. Juste la vie, tu ne sais pas. C'est tout ce qu'il y avait à ce sujet.

Il était près de six heures lorsque notre troisième visiteur de la journée arriva. Nous étions assis sur le pont arrière dans la fraîcheur de la soirée – le vieux Marshall, Denman Sturgis, Mme Vanderley , Stella, George et moi – lorsqu'il est arrivé. Nous avions parlé de George, et le vieux Marshall suggérait l'opportunité d'envoyer des équipes de recherche. Il était inquiet. Stella Vanderley aussi . D'ailleurs, George et moi l'étions, mais pas pour la même raison.

Nous étions en train de discuter lorsque le visiteur est apparu. C'était un type bien bâti et raide. Il parlait avec un accent allemand.

"M. Marshall ? il a dit. « Je suis le comte Fritz von Cöslin , écuyer de Son Altesse Sérénissime » – il claqua les talons et salua – « le prince de Saxburg-Leignitz ».

Mme Vanderley se leva d'un bond.

« Eh bien, comte, dit-elle, quel âge depuis notre rencontre à Vienne ! Tu te souviens?"

« Pourrais-je un jour oublier ? Et la charmante Miss Stella, elle va bien, je suppose que non ?

« Stella, tu te souviens du comte Fritz ? »

Stella lui serra la main.

« Et comment va le pauvre, cher prince ? » a demandé Mme Vanderley . « Quelle chose terrible s'est produite ! »

« Je suis heureux de dire que mon maître de haute naissance va mieux. Il a repris conscience, il est assis et se nourrit.

«C'est bien», dit le vieux Marshall.

« Dans une cuillère seulement », soupira le comte. "M. Marshall, avec votre permission, j'aimerais parler à M. Sturgis.

"M. OMS?"

Le sportif aux yeux vrillés s'avança.

"Je suis Denman Sturgis, à votre service."

« Quel diable tu es ! Que faites-vous ici?"

"M. Sturgis, expliqua le comte, a gracieusement offert ses services...

"Je sais. Mais que fait-il ici ?

"J'attends M. George Lattaker , M. Marshall."

"Hein?"

« Vous ne l'avez pas trouvé ? demanda anxieusement le comte.

« Pas encore, comte ; mais j'espère le faire sous peu. Je sais à quoi il ressemble maintenant. Ce monsieur est son frère jumeau. Ce sont des doubles.

"Vous êtes sûr que ce monsieur n'est pas M. George Lattaker ?"

George appuya fermement sur cette suggestion.

« Ne me confondez pas avec mon frère », dit-il. « Je m'appelle Alfred. Vous pouvez me le dire grâce à mon grain de beauté.

Il a exposé la taupe. Il ne prenait aucun risque.

Le Comte claqua la langue avec regret.

«Je suis désolé», dit-il.

George n'a pas proposé de le consoler,

"Ne vous inquiétez pas", a déclaré Sturgis. « Il ne m'échappera pas. Je le retrouverai.

« Faites, M. Sturgis, faites-le. Et rapidement. Trouvez rapidement ce noble jeune homme.

"Quoi?" cria Georges.

"Ce noble jeune homme, George Lattaker , qui, au péril de sa vie, a sauvé mon noble maître de l'assassin."

George s'assit brusquement.

« Je ne comprends pas, » dit-il faiblement.

« Nous avions tort, M. Sturgis », poursuivit le comte. « Nous avons conclu hâtivement – n'est-ce pas ? – que le propriétaire du chapeau que vous avez trouvé était également l'agresseur de mon bien-né maître. Nous avions tort. J'ai entendu l'histoire de la propre bouche de Son Altesse Sérénissime. Il passait dans une rue sombre lorsqu'un voyou masqué surgit sur lui. Sans doute avait-il été suivi depuis le Casino, où il avait largement gagné. Mon maître de haute naissance a été pris par surprise. Il a été abattu. Mais avant de perdre connaissance, il aperçut un jeune homme en tenue de soirée, coiffé du chapeau que vous avez trouvé, courant rapidement vers lui. Le héros engagea le combat contre l'assassin, et mon noble maître ne s'en souvient plus. Son Altesse Sérénissime demande à plusieurs reprises : « Où est mon courageux sauveur ? Sa gratitude est princière. Il cherche ce jeune homme pour le récompenser. Ah, vous devriez être fier de votre frère, monsieur !

"Merci," dit mollement George.

« Et vous, M. Sturgis, vous devez redoubler d'efforts. Vous devez fouiller le terrain ; vous devez parcourir la mer pour trouver George Lattaker .

« Il n'a pas besoin de se donner tant de mal », dit une voix depuis la passerelle.

C'était Voules . Son visage était rouge, son chapeau était sur l'arrière de sa tête et il fumait un gros cigare.

"Je vais vous dire où trouver George Lattaker !" il cria.

Il lança un regard noir à George, qui le regardait fixement.

"Oui, regarde-moi", a-t-il crié. "Regardez-moi. Vous ne serez pas le premier cet après-midi à contempler le mystérieux inconnu qui a gagné pendant deux heures sans interruption. Je serai à égalité avec vous maintenant, M. Blooming Lattaker . Je t'apprendrai à briser le cœur d'un pauvre. M. Marshall et messieurs, ce matin, j'étais sur le pont et j'ai entendu un complot visant à vous attaquer. Ils avaient repéré ce monsieur là-bas en tant que détective, et ils avaient fait en sorte que le brillant Lattaker se fasse passer pour son propre frère jumeau. Et si vous vouliez une preuve, Blooming Pepper lui dit de leur montrer son grain de beauté et il jurerait que George n'en avait pas. Ce sont ses propres paroles. Cet homme-là est George Lattaker , Hesquire , et laissez-le le nier s'il le peut.

Georges se leva.

"Je n'ai pas la moindre envie de le nier, Voules ."

"M. Voules , s'il *vous* plaît.

«C'est vrai», dit George en se tournant vers le comte. « Le fait est que j'avais un souvenir plutôt flou de ce qui s'est passé la nuit dernière. Je me souviens seulement d'avoir renversé quelqu'un et, comme vous, j'ai conclu hâtivement que j'avais dû agresser Son Altesse Sérénissime.

"Alors tu es vraiment George Lattaker ?" demanda le comte.

"Je suis."

« 'Eh bien, qu'est-ce que tout cela signifie ?' demanda Voules .

"Simplement que j'ai sauvé la vie de Son Altesse Sérénissime le Prince de Saxburg-Leignitz , M. Voules ."

"C'est une escroquerie !" commença Voules , quand il y eut une soudaine précipitation et que la jeune fille Pilbeam se jeta dans la foule, m'envoyant dans la chaise du vieux Marshall, et se jeta dans les bras de Voules .

"Oh, Harold!" elle a pleuré. "Je pensais que tu étais mort. Je pensais que tu t'étais suicidé.

Il s'est en quelque sorte préparé à la repousser, puis il a semblé y réfléchir davantage et est tombé dans le corps à corps.

Tout cela était romantique, vous ne savez pas, mais il y *a* des limites.

« Voules , tu es viré», dis-je.

"Qui s'en soucie?" il a dit. « Vous pensez que j'allais m'arrêter maintenant que je suis un gentleman de la propriété ? Venez, Emma, ma chère. Donnez un mois de préavis et obtenez votre 'at' , et je vous emmènerai dîner chez Ciro .

« Et vous, M. Lattaker , » dit le comte, « puis-je vous conduire en présence de mon noble maître ? Il souhaite témoigner sa gratitude à son sauveur.

«Vous pouvez», dit George. "Puis-je avoir mon chapeau, M. Sturgis?"

Il y en a juste un peu plus. Ce soir-là, après le dîner, je suis monté fumer une cigarette et, en me promenant sur le pont avant, j'ai failli tomber sur George et Stella. Ils semblaient se disputer.

« Je ne suis pas sûre, disait-elle, de croire qu'un homme puisse être si heureux au point d'avoir envie d'embrasser la chose la plus proche en vue, comme vous le dites.

"N'est-ce pas?" dit Georges. "Eh bien, il se trouve que c'est exactement ce que je ressens maintenant."

J'ai toussé et il s'est retourné.

« Salut , Reggie ! » il a dit.

« Salut , George ! » J'ai dit. «Belle nuit.»

"Magnifique", dit Stella.

"La lune", dis-je.

"Déchirant", a déclaré George.

"Charmant", a déclaré Stella.

« Et regardez le reflet des étoiles sur… »

George a attiré mon attention. "Sortez", dit-il.

J'ai sauté.

FAIRE UN PEU DE BIEN À CLARENCE

Avez-vous déjà réfléchi — et, quand je dis réfléchi, j'entends avoir soigneusement réfléchi à la question — au sang-froid, au culot ou, si vous préférez, au culot dont la Femme, en tant que sexe, éclate assez ? *Je* l'ai, par Jupiter ! Mais ensuite, George m'a mis cela dans mon avis, d'une manière que j'imagine être arrivée à pas mal de gars. Et la limite a été atteinte par cette affaire de la « Vénus » de Yeardsley .

Pour vous faire comprendre pleinement comment appelez -la la situation, je devrai vous expliquer exactement comment les choses se passaient entre Mme Yeardsley et moi.

Quand je l'ai connue pour la première fois, elle s'appelait Elizabeth Shoolbred . Vieille famille Worcestershire ; des pots d'argent; joli comme image. Son frère Bill était à Oxford avec moi.

J'ai adoré Elizabeth Shoolbred . Je l'aimais, tu ne sais pas. Et il fut un temps, pendant environ une semaine, où nous étions fiancés. Mais alors que je commençais à prendre la vie au sérieux, à étudier les catalogues de meubles et à me sentir assez solennel lorsque l'orchestre du restaurant jouait « The Wedding Glide », je suis pendu si elle ne rompait pas, et un mois plus tard, elle était mariée à un homme du nom de Yeardsley , Clarence Yeardsley , un artiste.

Avec le golf, le billard, un peu de course, et les gars du club qui se rassemblaient et me faisaient sortir de moi-même, pour ainsi dire, je m'en suis remis et j'en suis venu à considérer l'affaire comme une page fermée d'un roman. le livre de ma vie, si vous voyez ce que je veux dire. Il ne me semblait pas probable que nous nous reverrons, car elle et Clarence s'étaient installés quelque part à la campagne et n'étaient jamais venus à Londres, et je dois admettre que, au moment où j'ai reçu sa lettre, la blessure J'étais à peu près bien guéri et j'étais dans une certaine mesure assis et je prenais de la nourriture. En fait, pour être tout à fait honnête, j'étais vraiment reconnaissant que la chose se soit terminée comme elle l'avait fait.

Cette lettre dont je vous parle est arrivée un matin, pour ainsi dire, tombée dans un ciel bleu. Cela s'est déroulé comme ceci :

« MON CHER VIEUX REGGIE, — Quel âge semble-t-il depuis que je t'ai vu. Comment vas-tu? Nous nous sommes installés ici dans une maison ancienne des plus parfaites, avec un joli jardin, au milieu d'une charmante campagne. Tu ne pourrais pas venir ici quelques jours ? Clarence et moi serions si heureux de vous voir. Bill est là et a très hâte de vous revoir. Il parlait de vous seulement ce matin. *Viens* donc. Câblez votre train et j'enverrai la voiture à votre rencontre.

— Cordialement ,
E LIZABETH YEARDSLEY.

« PS : nous pouvons vous donner du lait nouveau et des œufs frais. Pensez-y !

« PPS – Bill dit que notre table de billard est l'une des meilleures sur laquelle il ait jamais joué.

« PPSS – Nous sommes à seulement 800 mètres d'un terrain de golf. Bill dit que c'est mieux que St. Andrews.

« PPSSS – Vous *doit* venir!"

Eh bien, un matin, un type descend prendre son petit-déjeuner, avec un peu de tête, et trouve une lettre comme celle-là d'une fille qui aurait très bien pu lui gâcher la vie ! Cela m'a plutôt ébranlé, je dois l'avouer.

Cependant, cette histoire de golf m'a calmé. Je savais que Bill savait de quoi il parlait et, s'il disait que le cours était si excellent, ce devait être quelque chose de spécial. Alors j'y suis allé.

Le vieux Bill m'a rencontré à la gare avec la voiture. Je ne l'avais pas croisé depuis quelques mois et j'étais heureux de le revoir. Et apparemment, il était content de me voir.

« Dieu merci, vous êtes venus », dit-il alors que nous partions. "J'étais sur le point de ma dernière prise."

« Quel est le problème, vieil éclaireur ? J'ai demandé.

« Si j'avais le nom artistique, poursuivit-il, si la simple évocation d'images ne me donnait pas de piquant, j'ose dire que ce ne serait pas si mal. Comme ça, c'est pourri !

"Des photos?"

"Des photos. Rien d'autre n'est mentionné dans cette maison. Clarence est un artiste. Son père aussi. Et tu sais toi-même à quoi ressemble Elizabeth quand on lui donne la tête ?

Je me suis alors souvenu – cela ne m'était pas revenu auparavant – que la plupart de mon temps avec Elizabeth avait été passé dans des galeries de photos. Pendant la période où je l'avais laissée faire exactement ce qu'elle voulait faire de moi, j'avais dû la suivre comme un chien de galerie en galerie, même si les images sont un poison pour moi, tout comme elles le sont pour le vieux Bill. D'une manière ou d'une autre, je n'avais jamais pensé qu'elle continuerait à vivre ainsi après avoir épousé un artiste. J'aurais dû penser qu'à ce moment-là, la simple vue d'une photo l'aurait fatiguée. Ce n'est pourtant pas le cas, selon le vieux Bill.

"Ils parlent d'images à chaque repas", a-t-il déclaré. «Je vous le dis, ça donne l'impression qu'un type n'est pas à l'aise. Combien de temps es-tu immobilisé ? »

"Quelques jours."

« Écoutez mon conseil et laissez-moi vous envoyer un télégramme de Londres. J'y vais demain. J'ai promis de jouer contre les Écossais. L'idée était que je revienne après le match. Mais tu ne pouvais pas me récupérer avec un lasso.

J'ai essayé de souligner le côté positif.

"Mais, Bill, vieil éclaireur, ta sœur dit qu'il y a des liens très bouchés près d'ici."

Il s'est retourné et m'a regardé fixement, et a failli nous précipiter dans la banque.

"Tu ne veux pas dire honnêtement qu'elle a dit ça?"

"Elle a dit que tu avais dit que c'était mieux que St. Andrews."

« C'est ce que j'ai fait. Est-ce que c'est tout ce qu'elle a dit que j'ai dit ?

"Eh bien, n'était-ce pas suffisant ?"

"Elle n'a pas mentionné que j'avais ajouté les mots 'Je ne pense pas'?"

"Non, elle a oublié de me le dire."

"C'est le pire cours de Grande-Bretagne."

Je me sentais plutôt abasourdi, tu ne sais pas. Je ne peux pas dire si c'est une mauvaise habitude ou non, mais je ne peux tout simplement pas me passer de mon budget quotidien de golf lorsque je ne suis pas à Londres.

J'ai pris un autre tour sur la lueur d'espoir.

"Nous devrons l'affronter au billard", dis-je. "Je suis content que la table soit bonne."

« Cela dépend de ce que vous appelez bien. C'est une moitié de taille, et il y a une coupure de sept pouces juste à l'endroit où la queue de Clarence a glissé. Elizabeth l'a raccommodé avec de la soie rose. Il a l'air très élégant et habillé, mais cela n'améliore pas l'aspect d'une table de billard.

"Mais elle a dit que tu as dit——"

"J'ai dû te tirer la jambe."

Nous nous sommes arrêtés devant les portes d'entrée d'une maison de bonne taille située bien en retrait de la route. Cela paraissait noir et sinistre au crépuscule, et je ne pouvais m'empêcher de me sentir, vous savez, comme un de ces Johnnies dont on parle dans les histoires qui sont attirés dans des maisons isolées pour jouer au rami et entendent un cri dès qu'ils y arrivent. Elizabeth me connaissait assez bien pour savoir qu'un parcours de golf particulièrement bon était pour moi un attrait sûr. Et elle avait délibérément joué sur ses connaissances. Quel était le jeu ? C'est ce que je voulais savoir. Et puis une pensée soudaine me frappa qui me fit sortir en sueur froide. Elle avait une fille ici et elle allait tenter de me marier. J'ai souvent entendu dire que les jeunes femmes mariées s'adonnent à ce genre de choses. Certes, elle avait dit qu'il n'y avait personne à la maison à part Clarence, elle-même et le père de Bill et Clarence , mais une femme qui pouvait prendre le nom de St. Andrews en vain comme elle l'avait fait ne s'en tiendrait probablement pas à une bagatelle.

"Bill, vieux scout," dis-je, "il n'y a pas de filles effrayantes ou de pourriture de ce genre qui s'arrêtent ici, n'est-ce pas ?"

«J'aurais aimé qu'il y en ait», dit-il. "Pas de chance."

Alors que nous nous arrêtions devant la porte d'entrée, celle-ci s'ouvrit et la silhouette d'une femme apparut.

"L'avez-vous, Bill?" dit-elle, ce qui, dans mon état d'esprit actuel, m'a semblé une façon joyeuse et effrayante de le dire. Le genre de choses que Lady Macbeth aurait pu dire à Macbeth, vous ne savez pas.

"Tu veux dire moi?" J'ai dit.

Elle est descendue dans la lumière. C'était Elizabeth, avec la même apparence qu'autrefois.

« C'est toi, Reggie ? Je suis tellement contente que tu aies pu venir. J'avais peur que tu aies tout oublié. Vous savez ce que vous êtes. Entrez et prenez du thé.

Avez-vous déjà été refusé par une fille qui s'est ensuite mariée et a ensuite été présentée à son mari ? Si c'est le cas, vous comprendrez ce que j'ai ressenti lorsque Clarence s'est précipitée sur moi. Vous connaissez le sentiment. Tout d'abord, quand on entend parler du mariage, on se dit : « Je me demande comment il est ». Ensuite, vous le rencontrez et vous pensez : « Il doit y avoir une erreur. Elle n'a pas pu me préférer *ça* ! C'est ce que j'ai pensé en voyant Clarence.

bonhomme maigre et nerveux d'environ trente-cinq ans. Ses cheveux devenaient gris au niveau des tempes et épars sur le dessus. Il portait un pince-nez et une moustache tombante. Je ne suis pas moi-même Bombardier Wells, mais devant Clarence, je me sentais plutôt cinglé. Et Elizabeth, remarquez bien, fait partie de ces grandes et splendides filles qui ressemblent à des princesses. Honnêtement, je crois que les femmes le font par pure injure.

« Comment allez-vous, M. Pepper ? Écoutez ! Entendez-vous un chat miauler ? dit Clarence. Tout d'un seul coup, tu ne sais pas.

"Hein?" J'ai dit.

« Un chat qui miaule. J'ai la certitude d'entendre un chat miauler. Écouter!"

Pendant que nous écoutions, la porte s'est ouverte et un vieux monsieur aux cheveux blancs est entré. Il était construit sur les mêmes lignes que Clarence, mais il s'agissait d'un modèle plus ancien. Je l'ai pris correctement, comme étant M. Yeardsley , senior. Elizabeth nous a présenté.

« Père, » dit Clarence, « as-tu rencontré un chat qui miaule dehors ? Je suis sûr d'avoir entendu un chat miauler.

« Non, » dit le père en secouant la tête ; "pas de chat qui miaule."

«Je ne supporte pas les chats qui miaulent», a déclaré Clarence. "Un chat qui miaule, ça m'énerve !"

"Un chat qui miaule est tellement éprouvant", a déclaré Elizabeth.

« *Je* n'aime pas les chats qui miaulent», a déclaré le vieux M. Yeardsley .

Pour le moment, il ne s'agissait que de miauler des chats. Ils semblaient penser avoir parcouru le terrain de manière satisfaisante et ils revinrent aux photos.

Nous avons parlé de photos régulièrement jusqu'à ce qu'il soit temps de nous habiller pour le dîner. Du moins, ils l'ont fait. Je suis juste resté assis. Bientôt le sujet des vols de photos fut abordé. Quelqu'un a parlé de la « Monna Lisa », et puis je me suis souvenu avoir lu quelque chose dans le journal du soir, alors que je descendais dans le train, à propos d'un type quelque part qui s'était fait voler un tableau de valeur par des cambrioleurs la nuit précédente. C'était la première fois que j'avais l'occasion d'intervenir efficacement dans la conversation, et j'avais l'intention d'en profiter au maximum. Le journal était dans la poche de mon pardessus, dans le couloir. Je suis allé le chercher.

"Le voici", dis-je. « Un Romney appartenant à Sir Bellamy Palmer... »

Ils ont tous crié « Quoi ! » exactement en même temps, comme un refrain. Elizabeth attrapa le papier.

"Laissez-moi regarder! Oui. « Tard hier soir, des cambrioleurs sont entrés dans la résidence de Sir Bellamy Palmer, Dryden Park, Midford , Hants... »

"Eh bien, c'est près d'ici," dis-je. «Je suis passé par Midford ...»

« Dryden Park n'est qu'à trois kilomètres de cette maison », a déclaré Elizabeth. J'ai remarqué que ses yeux pétillaient.

"Seulement trois kilomètres !" dit-elle. « C'était peut-être nous ! Il s'agirait peut-être de la « Vénus » ! »

Le vieux M. Yeardsley bondit sur sa chaise.

"La 'Vénus'!" il pleure.

Ils semblaient tous merveilleusement excités. Ma petite contribution à la discussion de la soirée avait fait un grand succès.

Pourquoi je ne l'ai pas remarqué avant, je ne le sais pas, mais ce n'est que lorsqu'Elizabeth me l'a montré après le dîner que j'ai eu mon premier aperçu de la « Vénus » de Yeardsley . Lorsqu'elle m'y a conduit et a allumé la lumière, il m'a semblé impossible que j'aurais pu rester assis pendant tout le dîner sans m'en apercevoir. Mais ensuite, aux repas, mon attention est plutôt concentrée sur les aliments. Quoi qu'il en soit, ce n'est que lorsqu'Elizabeth me l'a montré que j'ai pris conscience de son existence.

Elle et moi étions seuls au salon après le dîner. Old Yeardsley écrivait des lettres dans la salle du matin, tandis que Bill et Clarence s'amusaient sur la table de billard demi-taille aux effets de tapisserie de soie rose. En fait, tout n'était que joie, gaieté et chant, pour ainsi dire, lorsqu'Elizabeth, qui était assise un moment, plongée dans ses pensées, se pencha vers moi et dit : « Reggie ».

Et dès qu'elle l'a dit, j'ai su que quelque chose allait se passer. Vous savez, ce pré-comment appelez -ça que vous recevez parfois ? Eh bien, je l'ai eu alors.

"Quoi?" Dis-je nerveusement.

te demander une grande faveur ."

"Oui?"

Elle se baissa, posa une bûche sur le feu et reprit, me tournant le dos :

"Tu te souviens, Reggie, d'avoir dit un jour que tu ferais n'importe quoi au monde pour moi ?"

Là! C'est ce que je voulais dire en parlant de la joue de la Femme comme sexe. Ce que je veux dire, c'est qu'après ce qui s'est passé, on aurait pu penser qu'elle aurait préféré laisser les morts du passé enterrer leurs morts, et tout ce genre de choses, quoi ?

Attention, j'avais *dit* que je ferais tout au monde pour elle. Je reconnais que. Mais c'était clairement une remarque pré-Clarence. Il n'était pas apparu sur la scène à ce moment-là, et il va de soi qu'un type qui aurait pu être un parfait chevalier errant envers une fille lorsqu'il était fiancé avec elle, n'est pas aussi enclin à se propager dans cette direction. quand elle lui a donné la miss-inbaulk et qu'elle est allée épouser un homme dont la raison et l'instinct lui disent qu'il est un véritable ravageur.

Je ne trouvais rien d'autre à dire que "Oh, oui".

"Il y a quelque chose que vous pouvez faire pour moi maintenant, ce qui me rendra éternellement reconnaissant."

"Oui," dis-je.

« Savez-vous, Reggie, dit-elle soudain, qu'il y a seulement quelques mois, Clarence aimait beaucoup les chats ?

«Eh! Eh bien, il semble toujours… euh … *intéressé* par eux, quoi ?

« Maintenant, ils l'énervent. Tout l'énerve. »

"Certains types ne jurent que par ces trucs qu'on voit partout dans la publicité..."

« Non, cela ne l'aiderait pas. Il n'a rien besoin de prendre. Il veut se débarrasser de quelque chose.

«Je ne suis pas tout à fait. Se débarrasser de quelque chose?"

"La 'Vénus'", a déclaré Elizabeth.

Elle leva les yeux et croisa mon œil exorbité.

« Vous avez vu la « Vénus » », dit-elle.

"Pas si je m'en souvienne."

"Eh bien, entrez dans la salle à manger."

Nous sommes entrés dans la salle à manger et elle a allumé la lumière.

« Là, » dit-elle.

Sur le mur près de la porte – c'est peut-être pour cela que je ne l'avais pas remarqué auparavant ; J'étais assis dos à lui – c'était une grande peinture à l'huile. C'était ce qu'on appellerait une image classique, je suppose. Ce que je veux dire, c'est… eh bien, vous voyez ce que je veux dire. Tout ce que je peux dire, c'est que c'est drôle, je ne l' *avais pas* remarqué.

"Est-ce que c'est la 'Vénus'?" J'ai dit.

Elle acquiesça.

« Aimeriez-vous devoir regarder cela à chaque fois que vous vous asseyez pour un repas ? »

«Eh bien, je ne sais pas. Je ne pense pas que cela m'affecterait beaucoup. Je m'inquiéterais, d'accord.

Elle secoua la tête avec impatience.

«Mais vous n'êtes pas un artiste», dit-elle. "Clarence l'est."

Et puis j'ai commencé à voir la lumière du jour. Quel était exactement le problème, je ne comprenais pas, mais c'était évidemment quelque chose à voir avec le bon vieux tempérament artistique, et je pouvais tout croire à ce sujet. Cela explique tout. C'est comme la loi non écrite, vous ne savez pas, que vous invoquez en Amérique si vous avez fait quelque chose pour lequel ils veulent vous envoyer en étranglement et que vous ne voulez pas y aller. Ce que je veux dire, c'est que si vous n'êtes absolument pas à la hauteur, mais que vous ne trouvez pas pratique d'être mis dans la poubelle , vous expliquez simplement que, lorsque vous avez dit que vous étiez une théière, c'était juste votre tempérament artistique, et ils s'excusent et s'en vont. Je suis donc resté là pour entendre comment l'AT avait affecté Clarence, l'ami du chat, prêt à tout.

Et croyez-moi, cela avait durement frappé Clarence.

C'était ainsi. Il semblait que le vieux Yeardsley était un artiste amateur et que cette « Vénus » était son chef-d'œuvre. Il l'a dit, et il aurait dû le savoir. Eh bien, lorsque Clarence s'était marié, il le lui avait offert comme cadeau de mariage et l'avait accroché là où il se trouvait de ses propres mains. Tout va bien jusqu'à présent, quoi ? Mais notez la suite. Le capricieux Clarence, étant un artiste professionnel et par conséquent quelques rues en avance sur son père au jeu, a vu des défauts dans la « Vénus ». Il ne pouvait le supporter à aucun prix. Il n'aimait pas le dessin. Il n'aimait pas l'expression du visage. Il n'aimait pas la coloration . En fait, cela le rendait très malade de le regarder. Pourtant, étant dévoué à son père et désireux de faire n'importe quoi plutôt que de lui faire du mal, il n'avait pas pu se résoudre à ranger l'objet dans la cave, et la tension de se confronter à l'image trois fois par jour commençait à se faire sentir. à tel point qu'Elizabeth sentit qu'il fallait faire quelque chose.

"Maintenant, tu vois," dit-elle.

"D'une certaine manière", dis-je. "Mais ne trouvez-vous pas qu'il fait un temps plutôt maussade pour une bagatelle ?"

« Oh, tu ne comprends pas ? Regarder!" Sa voix baissa comme si elle était à l'église et elle alluma une autre lumière. Il brillait sur la photo à côté de celui du vieux Yeardsley . "Là!" dit-elle. "Clarence a peint ça!"

Elle m'a regardé avec attente, comme si elle attendait que je m'évanouisse, ou que je crie, ou quelque chose comme ça. J'ai jeté un œil attentif aux efforts de Clarence. C'était une autre image classique. Il me semblait qu'il ressemblait beaucoup à l'autre.

On attendait évidemment de moi une sorte de critique d'art, alors je m'y suis lancé.

" Euh... 'Vénus' ?" J'ai dit.

Remarquez-vous, Sherlock Holmes aurait commis la même erreur. Sur la preuve, je veux dire.

"Non. « Jocund Spring », a-t-elle lancé. Elle a éteint la lumière. « Je vois que tu ne comprends même pas maintenant. Vous n'avez jamais eu de goût pour les images. Quand nous allions ensemble dans les galeries, vous auriez de loin préféré être dans votre club.

C'était si absolument vrai que je n'avais aucune remarque à faire. Elle s'est approchée de moi et a posé sa main sur mon bras.

«Je suis désolé, Reggie. Je ne voulais pas être en colère. Seulement je veux vous faire comprendre que Clarence *souffre* . Supposons… supposons… eh bien, prenons le cas d'un grand musicien. Supposons qu'un grand musicien doive s'asseoir et écouter un air vulgaire et bon marché – le même air – jour après jour, jour après jour, ne vous attendriez-vous pas à ce que ses nerfs se brisent ! Eh bien, c'est exactement comme ça avec Clarence. Maintenant vous voyez?"

"Oui mais--"

"Mais quoi? Je l'ai sûrement dit assez clairement ?

"Oui. Mais ce que je veux dire, c'est : où puis-je intervenir ? Que voulez-vous que je fasse?"

"Je veux que tu voles la 'Vénus'."

Je l'ai regardée.

"Tu veux que je--?"

"Vole-le. Régie ! » Ses yeux brillaient d'excitation. « Tu ne vois pas ? C'est la Providence. Quand je t'ai demandé de venir ici, je venais d'avoir l'idée. Je savais que je pouvais compter sur toi. Et puis, par miracle, ce vol du Romney a lieu dans une maison à moins de trois kilomètres de là. Cela supprime la dernière chance pour le pauvre vieil homme de soupçonner quoi que ce soit et d'être blessé. Eh bien, c'est le plus beau des compliments pour lui. Pense! Une nuit, des voleurs volent un splendide Romney ; le suivant, la même bande prend sa « Vénus ». Ce sera le moment le plus fier de sa vie. Fais-le ce soir, Reggie. Je vais te donner un couteau bien aiguisé. Il suffit de découper la toile du cadre et le tour est joué.

"Mais un instant," dis-je. "Je serais ravi de vous être utile, mais dans une affaire purement familiale comme celle-ci, ne serait-ce pas mieux. En fait, que diriez-vous d'aborder le vieux Bill à ce sujet ?"

«J'ai déjà demandé à Bill. Hier. Il a refusé."

"Mais si je me fais prendre ?"

« Vous ne pouvez pas l'être. Il vous suffit de prendre la photo, d'ouvrir une des fenêtres, de la laisser ouverte et de retourner dans votre chambre.

Cela semblait assez simple.

"Et quant à la photo elle-même, quand je l'aurai?"

"Brûle le. Je veillerai à ce que tu fasses un bon feu dans ta chambre.

"Mais--"

Elle m'a regardé. Elle a toujours eu les yeux les plus merveilleux.

«Reggie», dit-elle; rien de plus. Juste « Reggie ».

Elle m'a regardé.

« Eh bien, après tout, si vous voyez ce que je veux dire… Les jours qui ne sont plus, vous ne savez pas. Auld Lang Syne , et tout ce genre de choses. Tu me suis?"

"Très bien," dis-je. "Je vais le faire."

Je ne sais pas si vous faites partie de ces Johnnies qui sont pétris dans le crime, etc., et qui ne pensent pas à pincer des colliers de diamants. Si ce n'est pas le cas, vous comprendrez que je me sentais beaucoup moins enthousiasmé par le travail que j'avais accepté lorsque j'étais assis dans ma chambre, attendant d'être occupé, que lorsque j'avais promis de m'y attaquer au restaurant. -chambre. Sur le papier, tout semblait assez facile, mais je ne pouvais m'empêcher de penser qu'il y avait un piège quelque part, et je n'ai jamais vu le temps passer plus lentement. Le coup d'envoi était prévu à une heure du matin, heure à laquelle on pouvait s'attendre à ce que la maison soit assez profondément endormie, mais à une heure moins le quart, je n'en pouvais plus. J'ai allumé la lanterne que j'avais prise sur le vélo de Bill, j'ai pris mon couteau et je me suis faufilé en bas.

La première chose que je fis en arrivant à la salle à manger fut d'ouvrir la fenêtre. J'avais presque envie de le briser, pour donner à l'affaire un peu plus de couleur locale , mais j'ai décidé de ne pas le faire à cause du bruit. J'avais posé ma lanterne sur la table et j'étais sur le point de la chercher quand quelque chose s'est produit. Ce que c'était, pour le moment, je n'aurais pas pu le dire. Il pourrait s'agir d'une explosion ou d'un tremblement de terre.

Un objet solide m'a reçu un terrible coup au menton. Des étincelles et d'autres choses se sont produites dans ma tête et la prochaine chose dont je me souviens, c'est d'avoir senti quelque chose d'humide et de froid éclabousser mon visage et d'entendre une voix qui ressemblait à celle du vieux Bill dire : « Tu te sens mieux maintenant ?

Je me suis assis. Les lumières étaient allumées et j'étais par terre, avec le vieux Bill agenouillé à côté de moi avec un siphon à soda.

"Ce qui s'est passé?" J'ai dit.

«Je suis terriblement désolé, vieil homme», dit-il. «Je n'avais aucune idée que c'était toi. Je suis entré ici et j'ai vu une lanterne sur la table, la fenêtre ouverte et un type avec un couteau à la main, alors je ne me suis pas arrêté pour me renseigner. J'ai juste lâché sa mâchoire pour tout ce que je valais. Que diable penses-tu faire ? Est-ce que tu marchais pendant ton sommeil ?

«C'était Elizabeth», dis-je. « Eh bien, vous savez tout. Elle a dit qu'elle vous l'avait dit.

"Tu ne veux pas dire..."

"L'image. Tu as refusé de l'accepter, alors elle me l'a demandé.

«Reggie, vieil homme», dit-il. « Je ne croirai plus jamais ce qu'ils disent à propos du repentir. C'est un truc de fou et ça bouleverse tout. Si je ne m'étais pas repenti et pensais que c'était plutôt dur pour Elizabeth de ne pas faire une petite chose pareille pour elle, et de venir ici pour le faire après tout, vous n'auriez pas arrêté ce producteur de sommeil avec votre menton. Je suis désolé."

"Moi aussi", dis-je en secouant à nouveau la tête pour m'assurer qu'elle était toujours allumée.

"Est ce que vous vous sentez mieux maintenant?"

« Mieux que moi. Mais cela ne veut pas dire grand-chose.

« Voudriez-vous encore un peu d'eau gazeuse ? Non? Et si tu finissais ce travail et que tu allais te coucher ? Et soyons rapides aussi. Vous avez fait un bruit comme celui d'une tonne de briques en descendant tout à l'heure, et c'est sur les cartes que certains domestiques ont peut-être entendu. Jetez-vous qui sculpte.

"Têtes."

"C'est face", dit-il en découvrant la pièce. «Lève-toi. Je vais tenir la lumière. Ne vous piquez pas avec votre épée.

C'était une tâche aussi facile que l'avait dit Elizabeth. Juste quatre coupes rapides, et la chose est sortie de son cadre comme une huître. Je l'ai enroulé. Le vieux Bill avait posé la lanterne sur le sol et était près du buffet, ramassant du whisky, du soda et des verres.

« Nous avons une longue soirée devant nous », a-t-il déclaré. « Vous ne pouvez pas graver une image de cette taille en un seul morceau. Vous mettriez le feu à la cheminée. Faisons les choses confortablement. Clarence ne peut pas nous en vouloir. Nous lui avons fait un peu de bien ce voyage. Demain sera le jour le plus fou et le plus joyeux de la bonne année de Clarence. C'est parti.

Nous sommes montés dans ma chambre et nous nous sommes assis en fumant, en sirotant nos boissons et en coupant de temps en temps une tranche du tableau et en le mettant dans le feu jusqu'à ce qu'il n'y ait plus rien. Et avec le confort , l'ambiance joyeuse et le sentiment confortable de faire le bien en cachette, je ne sais pas quand j'ai passé un moment plus joyeux depuis l'époque où nous avions l'habitude de brasser dans mon bureau à l'école.

Nous venions de mettre la dernière tranche quand Bill s'est soudainement assis et a saisi mon bras.

«J'ai entendu quelque chose», dit-il.

J'ai écouté et, par Jupiter, j'ai aussi entendu quelque chose. Ma chambre était juste au-dessus de la salle à manger, et le bruit nous parvenait très distinctement. Des pas furtifs, par George ! Et puis une chaise qui tombe.

« Il y a quelqu'un dans la salle à manger », murmurai-je.

Il y a un certain type de gars qui prend plaisir à créer des ennuis de manière positive. Le vieux Bill est comme ça. Si j'avais été seul, il m'aurait fallu environ trois secondes pour me persuader que je n'avais finalement rien entendu. Je suis une sorte de crique paisible et je crois qu'il faut vivre et laisser vivre, etc. Mais pour le vieux Bill, la visite de cambrioleurs était de la pure confiture. Il se leva de sa chaise d'un seul coup.

"Allez," dit-il. "Apportez le poker."

J'ai aussi apporté les pinces. J'en avais envie. Le vieux Bill a mis le couteau au collet. Nous sommes descendus en rampant.

"Nous allons ouvrir la porte et nous précipiter", a déclaré Bill.

« Et si on tirait, vieil éclaireur ?

"Les cambrioleurs ne tirent jamais", a déclaré Bill.

Ce qui était réconfortant à condition que les cambrioleurs le sachent.

Le vieux Bill saisit la poignée, la tourna rapidement et entra. Et puis nous nous sommes arrêtés brusquement, le regard fixe.

La pièce était plongée dans l'obscurité, à l'exception d'un faible éclat de lumière au fond. Debout sur une chaise devant le « Jocund Spring » de Clarence, tenant une bougie dans une main et levant la main avec un couteau dans l'autre, se trouvait le vieux M. Yeardsley , en pantoufles et robe de chambre grise. Il avait fait le montage final juste au moment où nous nous précipitions à l'intérieur. Se retournant au son, il s'arrêta, et lui, la chaise, la bougie et l'image tombèrent en un tas. La bougie s'est éteinte.

"Qu'est-ce qui se passe?" dit Bill.

J'ai ressenti la même chose. J'ai ramassé la bougie et je l'ai allumée, et puis une chose des plus effrayantes s'est produite. Le vieil homme se releva et s'effondra soudain sur une chaise et se mit à pleurer comme un enfant. Bien sûr, je voyais bien qu'il s'agissait uniquement du tempérament artistique, mais quand même, croyez-moi, c'était diablement désagréable. J'ai regardé le vieux Bill. Le vieux Bill m'a regardé. Nous avons fermé la porte rapidement, et après cela nous ne savions plus quoi faire. J'ai vu Bill regarder le buffet et je savais ce qu'il cherchait. Mais nous avions pris le siphon à l'étage, et ses idées de premiers secours s'arrêtèrent à l'injection d'eau gazeuse. Nous avons simplement attendu, et le vieux Yeardsley s'est éteint, s'est assis et a commencé à parler précipitamment.

« Clarence, mon garçon, j'ai été tenté. C'était ce cambriolage à Dryden Park. Cela m'a tenté. Cela a rendu tout si simple. Je savais que tu mettrais ça sur le compte du même gang, Clarence, mon garçon. JE--"

Il sembla alors se rendre compte que Clarence n'était pas parmi les personnes présentes.

« Clarence ? » dit-il avec hésitation.

«Il est au lit», dis-je.

"Au lit! Alors il ne sait pas ? Même maintenant... Jeunes gens, je m'en remets à votre merci. Ne sois pas dur avec moi. Écouter." Il attrapa Bill, qui esquiva. "Je peux tout expliquer, tout."

Il but une gorgée.

« Vous n'êtes pas des artistes, vous deux jeunes hommes, mais je vais essayer de vous faire comprendre, de vous faire prendre conscience de ce que cette image représente pour moi. J'ai mis deux ans à le peindre. C'est mon enfant. Je l'ai vu grandir. Je l'ai aimé. Cela faisait partie de ma vie. Rien ne m'aurait incité à le vendre. Et puis Clarence s'est marié, et dans un moment de folie, je lui ai donné mon trésor. Vous ne pouvez pas comprendre, vous deux jeunes gens, quelles angoisses j'ai endurées. La chose était faite. C'était irrévocable. J'ai vu à quel point Clarence appréciait la photo. Je savais que je ne pourrais jamais me résoudre à lui demander de le récupérer. Et pourtant, j'étais perdu sans cela. "Que pouvais-je faire?" Jusqu'à ce soir, je ne voyais aucun espoir. Puis est arrivée cette histoire du vol du Romney dans une maison tout près d'ici, et j'ai trouvé ma voie. Clarence ne s'en douterait jamais. Il attribuerait le vol au même groupe de criminels qui ont volé le Romney. Une fois l'idée venue, je n'ai pas pu la chasser. Je me suis battu contre cela, mais en vain. Finalement, j'ai cédé et je me suis glissé ici pour exécuter mon plan. Vous m'avez trouvé." Il m'a attrapé à nouveau, cette fois, et m'a attrapé par le bras. Il avait la poigne d'un homard. « Jeune homme, dit-il, vous ne me trahiriez pas ? Vous ne le diriez pas à Clarence ?

À ce moment-là, je me sentais terriblement désolé pour ce pauvre vieux, vous ne savez pas, mais j'ai pensé qu'il serait plus gentil de le lui dire franchement au lieu de le briser progressivement.

«Je ne dirai pas un mot à Clarence, M. Yeardsley », dis-je. « Je comprends très bien vos sentiments. Le tempérament artistique, et tout ce genre de choses. Je veux dire quoi? *Je* sais. Mais j'ai peur… Eh bien , regarde !

Je me dirigeai vers la porte, allumai la lumière électrique et là, le regardant en face, se trouvaient les deux cadres vides. Il les regardait en silence. Puis il poussa une sorte de grognement sifflant.

"Le gang! Les cambrioleurs ! Ils *sont* venus ici et ont pris la photo de Clarence ! » Il fit une pause. « C'était peut-être le mien ! Ma Vénus ! murmura-t-il. Cela devenait terriblement douloureux, vous savez, mais il devait connaître la vérité.

"Je suis terriblement désolé, tu sais," dis-je. "Mais c'était . "

Il a commencé, pauvre vieux.

« Hein ? Que veux-tu dire?"

"Ils *ont* pris votre Vénus."

"Mais je l'ai ici."

J'ai secoué ma tête.

« C'est « Jocund Spring » de Clarence, dis-je.

Il sauta dessus et le redressa.

"Quoi! De quoi parles-tu? Pensez-vous que je ne connais pas ma propre image, mon enfant, ma Vénus. Voir! Ma propre signature dans le coin. Tu sais lire, mon garçon ? Regardez : « Matthew Yeardsley ». C'est *ma* photo!"

Et... eh bien, par Jupiter, c'était ... , tu ne sais pas !

Eh bien, nous l'avons mis au lit, lui et sa Vénus infernale, et nous nous sommes installés pour examiner d'un œil attentif la situation. Bill a dit que c'était ma faute si je m'étais trompé de photo, et j'ai dit que c'était la faute de Bill s'il m'avait fait une telle fissure à la mâchoire qu'on ne pouvait pas s'attendre à ce que je voie ce que je mettais entre les mains, et puis il y a eu un silence assez massif pendant un moment.

"Reggie", dit enfin Bill, "que ressentez-vous exactement à l'idée d'affronter Clarence et Elizabeth au petit-déjeuner ?"

« Vieux éclaireur », dis-je. "Je pensais moi-même à peu près la même chose."

« Reggie, » dit Bill, « je sais qu'il y a un train de lait qui quitte Midford à trois heures quinze. Ce n'est pas ce qu'on appellerait un dépliant. Il arrive à Londres vers neuf heures et demie. Eh bien… euh … dans ces circonstances, qu'en est -il ?

LA TANTE ET LE SLUGGARD

Maintenant que tout est fini, autant admettre qu'il fut un moment lors de l'affaire plutôt drôle de Rockmetteller Todd où je pensais que Jeeves allait me laisser tomber. L'homme avait l'air déconcerté.

Jeeves est mon homme, tu sais. Officiellement, il touche son salaire hebdomadaire pour le repassage de mes vêtements et tout ce genre de choses ; mais en réalité, il ressemble plus à ce que le poète Johnnie appelait un oiseau de sa connaissance qui était capable de se rallier à lui en cas de besoin – un guide, vous ne savez pas ; philosophe, si je me souviens bien, et, je crois plutôt, ami. Je compte sur lui à chaque instant.

Alors naturellement, quand Rocky Todd m'a parlé de sa tante, je n'ai pas hésité. Jeeves était dans le coup depuis le début.

L'affaire Rocky Todd a éclaté tôt un matin de printemps. J'étais au lit, en train de restaurer les bons vieux mouchoirs après environ neuf heures de sans rêves, lorsque la porte s'est ouverte et que quelqu'un m'a poussé dans les côtes inférieures et a commencé à secouer les draps. Après avoir cligné un peu des yeux et repris mes esprits, j'ai localisé Rocky et ma première impression a été que c'était un rêve horrible.

Rocky, voyez-vous, vivait quelque part à Long Island, à des kilomètres de New York ; et pas seulement cela, mais il m'avait dit lui-même plus d'une fois qu'il ne se levait jamais avant midi, et rarement avant une heure. Constitutionnellement le jeune diable le plus paresseux d'Amérique, il avait fait un chemin dans la vie qui lui avait permis de repousser les limites dans cette direction. C'était un poète. Au moins, il écrivait des poèmes quand il faisait quelque chose ; mais la plupart de son temps, autant que j'ai pu le comprendre, il le passait dans une sorte de transe. Il m'a dit un jour qu'il pouvait s'asseoir sur une clôture, observer un ver et se demander ce qu'il faisait, pendant des heures d'affilée.

Son plan de vie était parfaitement élaboré. Environ une fois par mois, il prenait trois jours pour écrire quelques poèmes ; les trois cent vingt-neuf autres jours de l'année, il se reposait. Je ne savais pas qu'il y avait assez d'argent dans la poésie pour subvenir aux besoins d'un homme , même dans la manière dont Rocky vivait ; mais il semble que, si l'on s'en tient aux exhortations adressées aux jeunes hommes à mener une vie difficile et à ne pas y mettre de rimes, les rédacteurs américains se battent pour cela. Rocky m'a montré une de ses affaires une fois. Ça a commencé:

Être!
Être!   Le passé est mort.   Demain n'est pas né.   Soyez aujourd'hui !
Aujourd'hui !

Soyez avec tous les nerfs,
    Avec chaque muscle,
    Avec chaque goutte de ton sang rouge !
Être!

Il était imprimé en face du frontispice d'un magazine, entouré d'une sorte de parchemin et d'une photo au milieu d'une chappie assez nue , aux muscles saillants, faisant l'œil joyeux du soleil levant. Rocky a dit qu'ils lui avaient donné cent dollars pour cela et qu'il était resté au lit jusqu'à quatre heures de l'après-midi pendant plus d'un mois.

En ce qui concerne l'avenir, il était plutôt solide, du fait qu'il avait une tante riche cachée quelque part dans l'Illinois ; et comme il avait été nommé Rockmetteller en son honneur et qu'il était son seul neveu, sa position était assez saine. Il m'a dit que lorsqu'il obtiendrait de l'argent, il n'avait l'intention de faire aucun travail, sauf peut-être un poème occasionnel recommandant au jeune homme avec la vie qui s'ouvre devant lui, avec toutes ses splendides possibilités, d'allumer une pipe et de se pousser les pieds. sur la cheminée.

Et c'était l'homme qui me piquait les côtes dans l'aube grise !

« Lis ceci, Bertie ! » Je pouvais juste voir qu'il brandissait une lettre ou quelque chose d'aussi répugnant devant mon visage. "Réveillez-vous et lisez ceci!"

Je ne peux pas lire avant d'avoir pris mon thé du matin et une cigarette. J'ai cherché la cloche à tâtons.

Jeeves est arrivé aussi frais qu'une violette rosée. C'est un mystère pour moi de savoir comment il fait.

"Thé, Jeeves."

"Tres bien Monsieur."

Il sortit silencieusement de la pièce – il vous donne toujours l'impression d'être une substance liquide lorsqu'il bouge ; et j'ai découvert que Rocky revenait avec sa lettre bestiale.

"Qu'est-ce que c'est?" J'ai dit. "Qu'est-ce qu'il y a ?"

"Lis le!"

"Je ne peux pas. Je n'ai pas pris mon thé.

"Eh bien, écoute alors."

« De qui vient-il ? »

"Ma tante."

À ce stade, je me suis rendormi. Je me suis réveillé en l'entendant dire :

"Alors, que dois-je faire?"

Jeeves arriva avec le plateau, comme un ruisseau silencieux serpentant sur son lit moussu ; et j'ai vu la lumière du jour.

"Lis-le encore, Rocky, vieux haut," dis-je. «Je veux que Jeeves l'entende. La tante de M. Todd lui a écrit une lettre plutôt bidon, Jeeves, et nous avons besoin de votre avis.

"Tres bien Monsieur."

Il se tenait au milieu de la pièce, témoignant de son dévouement à la cause, et Rocky reprit :

« MON CHER ROCKMETTELLER.—J'ai réfléchi à toutes les choses depuis longtemps, et j'en suis venu à la conclusion que j'ai été très inconsidéré en attendant si longtemps avant de faire ce que j'ai décidé de faire maintenant. »

"Qu'en penses-tu, Jeeves?"

"Cela semble un peu obscur pour le moment, monsieur, mais cela deviendra sans aucun doute clair plus tard dans la communication."

« Cela devient aussi clair que de la boue ! » dit Rocky.

« Continuez, vieux scout », dis-je en rongeant mon pain et mon beurre.

« Vous savez combien toute ma vie j'ai eu envie de visiter New York et de constater par moi-même la merveilleuse vie gay dont j'ai tant lu. Je crains qu'il me soit désormais impossible de réaliser mon rêve. Je suis vieux et épuisé. Il me semble que je n'ai plus aucune force en moi.

"Triste, Jeeves, quoi?"

"Extrêmement, monsieur."

« Triste rien ! » dit Rocky. «C'est de la pure paresse. Je suis allé la voir à Noël dernier et elle était en pleine santé. Son médecin m'a dit lui-même qu'elle n'avait aucun problème. Mais elle insistera sur le fait qu'elle est une invalide désespérée, il doit donc être d'accord avec elle. Elle a l'idée bien arrêtée que le voyage à New York la tuerait ; alors, même si elle a eu pour ambition toute sa vie de venir ici, elle reste là où elle est.

"Un peu comme le type dont le cœur était 'dans les Highlands à la poursuite du cerf', Jeeves ?"

"Les cas sont à certains égards parallèles, monsieur."

"Continue, Rocky, cher garçon."

« J'ai donc décidé que, si je ne peux pas profiter moi-même de toutes les merveilles de la ville, je peux au moins en profiter à travers vous. J'ai soudainement pensé à cela hier après avoir lu dans le journal du dimanche un beau poème sur un jeune homme qui avait désiré toute sa vie une certaine chose et qui ne l'a finalement gagné que lorsqu'il était trop vieux pour en profiter. C'était très triste et cela m'a touché .

"Une chose", interpola amèrement Rocky, "que je n'ai pas été capable de faire depuis dix ans."

« Comme vous le savez, vous aurez mon argent quand je serai parti ; mais jusqu'à présent, je n'ai jamais réussi à vous donner une pension. J'ai maintenant décidé de le faire, à une condition. J'ai écrit à un cabinet d'avocats de New York pour leur donner instruction de vous verser une somme assez importante chaque mois. Ma seule condition est que vous viviez à New York et que vous vous amusiez comme j'ai toujours souhaité le faire. Je veux que vous soyez mon représentant, que vous dépensiez cet argent pour moi comme je devrais le faire moi-même. Je veux que vous plongez dans la vie gay et prismatique de New York. Je veux que tu sois la vie et l'âme de brillants dîners.

« Avant tout, je veux que vous m'écriviez des lettres au moins une fois par semaine, me donnant une description complète de tout ce que vous faites et de tout ce qui se passe dans la ville, afin que je puisse en profiter. de seconde main ce que ma misérable santé ne me permet pas de jouir moi-même. N'oubliez pas que j'attendrai des détails complets, et qu'aucun détail n'est trop insignifiant pour être intéressant. — Votre affectueuse tante,

"ISABEL ROCKMETTELLER."

"Et alors?" dit Rocky.

"Et alors?" J'ai dit.

"Oui. Que vais-je faire ?

Ce n'est qu'à ce moment-là que j'ai vraiment adopté l'attitude extrêmement rami du chappie , compte tenu du fait qu'un désordre tout à fait inattendu de bonnes choses était soudainement tombé sur lui d'un ciel bleu. À mon avis, c'était l'occasion d'un sourire radieux et d'un cri joyeux ; Et pourtant, l'homme était là, regardant et parlant comme si le destin s'était posé sur son plexus solaire. Cela m'a étonné.

« N'êtes-vous pas réticent ? » J'ai dit.

« Coupé ! »

« Si j'étais à votre place, je serais terriblement préparé. Je trouve cela plutôt doux pour toi.

Il a poussé une sorte de cri, m'a regardé un instant, puis a commencé à parler de New York d'une manière qui m'a rappelé Jimmy Mundy, le type réformateur . Jimmy venait juste de venir à New York pour une campagne de découverte, et j'étais passé au Garden quelques jours auparavant, pendant environ une demi-heure, pour l'entendre. Il avait certainement dit à New York des choses assez directes sur elle-même, ayant apparemment pris cet endroit en aversion, mais, par Jupiter, vous savez, ce cher vieux Rocky le faisait passer pour un agent de publicité du vieux métro .!

"Assez doux!" il pleure. « Devoir venir vivre à New York ! Devoir quitter mon petit cottage et prendre un appartement étouffant, malodorant et surchauffé dans cette Géhenne purulente et abandonnée du paradis . Devoir se mêler nuit après nuit à une foule qui pense que la vie est une sorte de danse de la Saint-Guy et s'imaginer qu'ils s'amusent parce qu'ils font assez de bruit pour six et boivent trop pour dix. Je déteste New York, Bertie. Je ne viendrais pas ici si je n'avais pas eu l'occasion de voir des éditeurs de temps en temps. Il y a un fléau dessus. C'est un delirium tremens moral. C'est la limite. La simple pensée d'y rester plus d'une journée me rend malade. Et tu trouves ça plutôt doux pour moi ! »

Je me sentais un peu comme les amis de Lot avaient dû le faire lorsqu'ils venaient discuter tranquillement et que leur sympathique hôte commençait à critiquer les Cités de la Plaine. Je ne pensais pas que le vieux Rocky pouvait être aussi éloquent.

"Cela me tuerait de devoir vivre à New York", a-t-il poursuivi. « Devoir partager l'air avec six millions de personnes ! De devoir porter des cols raides et des vêtements décents tout le temps ! Pour… » commença-t-il. "Bon dieu! Je suppose que je devrais devoir m'habiller pour le dîner le soir. Quelle horrible idée !

J'ai été choqué, absolument choqué.

"Mon cher gars!" Dis-je avec reproche.

"Est-ce que tu t'habilles pour le dîner tous les soirs, Bertie?"

"Jeeves," dis-je froidement. L'homme était toujours debout comme une statue près de la porte. « Combien de costumes de soirée ai-je ? »

« Nous avons trois costumes complets de tenue de soirée, monsieur ; deux smokings… »

"Trois."

« Pour des raisons pratiques, deux seulement, monsieur. Si vous vous souvenez, nous ne pouvons pas porter le troisième. Nous avons aussi sept gilets blancs.

"Et les chemises?"

"Quatre douzaines, monsieur."

« Et les cravates blanches ?

"Les deux premières étagères peu profondes de la commode sont entièrement remplies de nos cravates blanches, monsieur."

Je me tournai vers Rocky.

"Tu vois?"

Le bonhomme se tordait comme un ventilateur électrique.

« Je ne le ferai pas ! Je ne peux pas le faire ! Je serai pendu si je le fais ! Comment diable puis-je m'habiller comme ça ? Tu te rends compte que la plupart du temps, je ne sors mon pyjama qu'à cinq heures de l'après-midi, et ensuite j'enfile simplement un vieux pull ?

J'ai vu Jeeves grimacer, pauvre type ! Ce genre de révélation choquait ses plus beaux sentiments.

"Alors, qu'est-ce que tu vas faire à ce sujet?" J'ai dit.

"C'est ce que je veux savoir."

"Tu pourrais écrire et expliquer à ta tante."

— Je pourrais le faire, si je voulais qu'elle se rende chez son avocat en deux étapes rapides et qu'elle me exclue de son testament.

J'ai compris son point de vue.

"Que suggérez-vous, Jeeves?" J'ai dit.

Jeeves s'éclaircit la gorge avec respect.

« Le nœud du problème semble être, monsieur, que M. Todd est obligé, par les conditions dans lesquelles l'argent est remis en sa possession, d'écrire à Miss Rockmetteller des lettres longues et détaillées concernant ses mouvements, et la seule méthode par laquelle Ceci peut être accompli, si M. Todd adhère à son intention exprimée de rester dans le pays, il s'agit pour M. Todd d'inciter une seconde personne à rassembler les expériences réelles que Miss Rockmetteller souhaite lui rapporter, et à les lui transmettre dans la forme d'un rapport soigné, sur lequel il lui serait possible, avec l'aide de son imagination, de fonder la correspondance proposée.

Après avoir retiré le vieux diaphragme, Jeeves resta silencieux. Rocky m'a regardé d'un air impuissant. Il n'a pas été élevé avec Jeeves comme moi, et il n'est pas au courant de ses courbes.

"Pourrait-il être un peu plus clair, Bertie?" il a dit. « Au début, je pensais que ça aurait du sens, mais ça a un peu vacillé. Quelle est l'idée ?

« Mon cher vieux, c'est tout simple. Je savais que nous pouvions compter sur Jeeves. Tout ce que vous avez à faire est de demander à quelqu'un de faire le tour de la ville pour vous et de prendre quelques notes, puis de transformer ces notes en lettres. C'est ça, n'est-ce pas, Jeeves ?

"Précisément, monsieur."

Une lueur d'espoir brillait dans les yeux de Rocky. Il regarda Jeeves d'un air surpris, abasourdi par le vaste intellect de l'homme.

« Mais qui le ferait ? » il a dit. "Il faudrait que ce soit un homme plutôt intelligent, un homme qui remarquerait les choses."

« Jeeves ! » J'ai dit. "Laissez Jeeves le faire."

"Mais le ferait-il?"

"Tu le ferais, n'est-ce pas, Jeeves?"

Pour la première fois depuis notre longue relation, j'ai observé Jeeves presque sourire. Le coin de sa bouche s'est courbé d'un quart de pouce et, pendant un instant, son œil a cessé de ressembler à celui d'un poisson méditatif.

« Je serais ravi de vous rendre service, monsieur. En fait, j'ai déjà visité certains des lieux d'intérêt de New York lors de ma soirée, et ce serait très agréable de m'entraîner à cette poursuite.

"Bien! Je sais exactement ce que ta tante veut entendre, Rocky. Elle veut écouter des trucs de cabaret. L'endroit où vous devriez aller en premier, Jeeves, est celui de Reigelheimer . C'est sur la Quarante-deuxième Rue. N'importe qui vous montrera le chemin.

Jeeves secoua la tête.

« Pardonnez-moi, monsieur. Les gens ne vont plus chez Reigelheimer . L'endroit en ce moment est Frolics on the Roof.

"Tu vois?" J'ai dit à Rocky. «Laissez-le à Jeeves. Il sait."

Ce n'est pas souvent que vous trouvez un groupe entier de vos semblables heureux dans ce monde ; mais notre petit cercle était certainement un exemple de ce que cela peut être fait. Nous étions tous pleins de haricots. Tout s'est parfaitement bien passé dès le début.

Jeeves était heureux, en partie parce qu'il adore exercer son cerveau géant, et en partie parce qu'il passait un bon moment parmi les lumières vives. Je l'ai vu un soir aux Midnight Revels. Il était assis à une table au bord de la piste de danse, se débrouillant remarquablement bien avec un gros cigare et une bouteille du meilleur. Je n'aurais jamais imaginé qu'il puisse paraître si humain. Son visage exprimait une austère bienveillance et il prenait des notes dans un petit livre.

Quant à nous autres, je me sentais plutôt bien, car j'aimais le vieux Rocky et je suis heureux de pouvoir lui rendre un bon service. Rocky était parfaitement content, car il était toujours capable de s'asseoir sur les clôtures en pyjama et d'observer les vers. Et quant à la tante, elle semblait chatouillée à mourir. Elle touchait Broadway à une assez longue distance, mais cela semblait la frapper parfaitement. J'ai lu une de ses lettres à Rocky et elle était pleine de vie.

Mais les lettres de Rocky, basées sur les notes de Jeeves, suffisaient à remonter le moral de n'importe qui. C'était du rami quand on y pensait. J'étais là, aimant la vie, tandis que la simple mention de celle-ci donnait à Rocky un sentiment de fatigue ; pourtant voici une lettre que j'ai écrite à un de mes amis à Londres :

« CHER FREDDIE, Eh bien, me voici à New York. Ce n'est pas un mauvais endroit. Je ne passe pas un mauvais moment. Tout va plutôt bien. Les cabarets ne sont pas mauvais. Je ne sais pas quand je reviendrai. Comment va tout le monde? Bravo !—Le vôtre,

«BERTIE.

« PS.— Vous avez vu le vieux Ted récemment ?

Non pas que je me soucie de Ted ; mais si je ne l'avais pas entraîné, je n'aurais pas pu mettre cette foutue chose sur la deuxième page.

Voici maintenant le vieux Rocky sur exactement le même sujet :

« CHÈRE TANTE ISABEL, Comment pourrais-je jamais vous remercier assez de m'avoir donné l'opportunité de vivre dans cette ville étonnante ! New York semble chaque jour plus merveilleuse. « La Cinquième Avenue est, bien sûr, à son meilleur en ce moment. Les robes sont magnifiques !

Des tas de trucs sur les robes. Je ne savais pas que Jeeves était une telle autorité.

«J'étais dehors avec une partie de la foule aux Midnight Revels l'autre soir. Nous avons d'abord assisté à un spectacle, après un petit dîner dans un nouvel endroit de la Quarante-troisième Rue. Nous étions une fête plutôt gay. Georgie Cohan est arrivée vers minuit et a eu une bonne conversation sur Willie Collier. Fred Stone ne pouvait rester qu'une minute, mais Doug. Fairbanks a fait toutes sortes de cascades et nous a fait rugir. Diamond Jim Brady était là, comme d'habitude, et Laurette Taylor s'est présentée avec une

fête. Le spectacle aux Revels est plutôt bon. Je joins un programme .
"Hier soir, quelques-uns d'entre nous sont allés à Frolics on the Roof..."

Et ainsi de suite, à des mètres de cela. Je suppose que c'est le tempérament artistique ou quelque chose comme ça. Ce que je veux dire, c'est qu'il est plus facile pour un type habitué à écrire des poèmes et ce genre de conneries de mettre un peu de punch dans une lettre que pour un type comme moi. Quoi qu'il en soit, il ne fait aucun doute que la correspondance de Rocky était très intéressante. J'ai appelé Jeeves et je l'ai félicité.

"Jeeves, tu es une merveille!"

"Merci Monsieur."

« La façon dont vous remarquez tout dans ces endroits me bat. Je ne peux rien vous dire à leur sujet, sauf que j'ai passé un bon moment.

"C'est juste un tour de main, monsieur."

"Eh bien, les lettres de M. Todd devraient bien préparer Miss Rockmetteller , quoi?"

"Sans aucun doute, monsieur", acquiesça Jeeves.

Et, par Jupiter, ils l'ont fait ! Ils l'ont certainement fait, par George ! Ce que je veux dire, c'est que j'étais assis dans l'appartement un après-midi, environ un mois après que les choses avaient commencé, fumant une cigarette et reposant le vieux grain, quand la porte s'est ouverte et la voix de Jeeves a éclaté le silence comme une bombe.

Ce n'était pas qu'il parlait fort. Il a une de ces voix douces et apaisantes qui se glissent dans l'atmosphère comme le chant d'un mouton lointain. C'est ce qu'il a dit qui m'a fait bondir comme une jeune gazelle.

« Mlle Rockmetteller ! »

Et une grande et solide femelle entra.

La situation m'a terrassé. Je ne le nie pas. Hamlet a dû ressentir la même chose que moi lorsque le fantôme de son père est apparu dans le fairway. J'en étais venu à considérer la tante de Rocky comme une telle permanence dans sa propre maison qu'il ne semblait pas possible qu'elle puisse vraiment être ici à New York. Je l'ai regardée. Puis j'ai regardé Jeeves. Il se tenait là dans une attitude de détachement digne, le connard, quand, si jamais il aurait dû se rallier au jeune maître, c'était maintenant.

La tante de Rocky ressemblait moins à une invalide que toutes celles que j'ai jamais vues, à l'exception de ma tante Agatha. En fait, elle avait beaucoup de tante Agathe en elle. Elle avait l'air de pouvoir être diablement dangereuse si elle était mise à rude épreuve ; et quelque chose semblait me dire qu'elle se considérerait certainement comme trompée si jamais elle découvrait le jeu que le pauvre vieux Rocky lui avait joué.

«Bon après-midi», réussis-je à dire.

"Comment vas-tu?" dit-elle. "M. Cohan ?

" Euh non."

"M. Fred Stone ?

« Pas absolument. En fait, je m'appelle Wooster – Bertie Wooster.

Elle semblait déçue. Le beau vieux nom de Wooster ne semblait rien signifier dans sa vie.

« Rockmetteller n'est-il pas à la maison ? » dit-elle. "Où est-il?"

Elle m'a eu du premier coup. Je ne trouvais rien à dire. Je ne pouvais pas lui dire que Rocky était à la campagne, à surveiller les vers.

Il y avait un léger battement de son en arrière-plan. C'était la toux respectueuse avec laquelle Jeeves annonce qu'il s'apprête à parler sans qu'on lui ait parlé.

"Si vous vous en souvenez, monsieur, M. Todd est sorti en automobile avec une fête dans l'après-midi."

« C'est ce qu'il a fait, Jeeves ; c'est ce qu'il a fait, dis-je en regardant ma montre. « A-t-il dit quand il reviendrait ? »

– Il m'a fait comprendre, monsieur, qu'il reviendrait un peu tard.

Il a disparu ; et la tante a pris la chaise que j'avais oublié de lui offrir. Elle m'a regardé d'une manière plutôt rami. C'était un regard méchant. J'avais l'impression d'être quelque chose que le chien avait apporté et qu'il avait l'intention d'enterrer plus tard, quand il en aurait le temps. Ma propre tante Agatha, de retour en Angleterre, m'a regardé exactement de la même manière à maintes reprises, et cela ne manque jamais de me faire frémir.

« Vous semblez très à l'aise ici, jeune homme. Êtes-vous un grand ami de Rockmetteller ?

"Oh, oui, plutôt !"

Elle fronça les sourcils comme si elle s'était attendue à mieux de la part du vieux Rocky.

"Eh bien, vous devez être," dit-elle, "de la même manière que vous traitez son appartement comme le vôtre !"

Je vous en donne ma parole, ce claquement tout à fait imprévu m'a simplement privé de la parole. Je m'étais regardé à la lumière de l'hôte fringant, et soudain, être traité comme un intrus m'a secoué. Ce n'était pas, remarquez-le, comme si elle avait parlé d'une manière suggérant qu'elle considérait ma présence dans les lieux comme un simple appel social. Elle me considérait visiblement comme un croisement entre un cambrioleur et le plombier venu réparer la fuite dans la salle de bain. Ma présence là lui faisait mal.

À ce moment-là, alors que la conversation montrait tous les signes d'être sur le point de mourir dans d'atroces souffrances, une idée m'est venue. Le thé, le bon vieux stand-by.

« Voudriez-vous une tasse de thé ? J'ai dit.

"Thé?"

Elle parlait comme si elle n'en avait jamais entendu parler.

« Rien de tel qu'une tasse après un voyage », dis-je. « Ça vous fait chier ! Met un peu de zip en vous. Ce que je veux dire, c'est qu'il vous restaure, et ainsi de suite, vous ne savez pas. Je vais le dire à Jeeves.

J'ai emprunté le passage menant au repaire de Jeeves. L'homme lisait le journal du soir comme s'il ne s'en souciait pas du monde.

"Jeeves," dis-je, "nous voulons du thé."

"Tres bien Monsieur."

"Je dis, Jeeves, c'est un peu épais, quoi?"

Je voulais de la sympathie, tu ne sais pas, de la sympathie et de la gentillesse. Les vieux centres nerveux avaient subi un double choc.

« Elle a l'idée que cet endroit appartient à M. Todd. Qu'est-ce qui lui a mis ça dans la tête ?

Jeeves remplit la bouilloire avec une dignité retenue.

« Sans doute à cause des lettres de M. Todd, monsieur », dit-il. « J'ai suggéré, monsieur, si vous vous en souvenez, qu'ils devraient s'adresser à eux depuis cet appartement afin que M. Todd semble posséder une bonne résidence centrale dans la ville.

Je me suis souvenu. Nous avions pensé à l'époque qu'il s'agissait d'un plan intelligent.

"Eh bien, c'est vraiment gênant, tu sais, Jeeves. Elle me considère comme un intrus. Par jupiter! Je suppose qu'elle pense que je suis quelqu'un qui traîne ici, touchant M. Todd pour des repas gratuits et empruntant ses chemises.

"Oui Monsieur."

"C'est plutôt pourri, tu sais."

"Très inquiétant, monsieur."

« Et il y a autre chose : que devons-nous faire à propos de M. Todd ? Nous devons l'amener ici dès que possible. Quand tu auras apporté le thé, tu ferais mieux de sortir et de lui envoyer un télégramme lui disant de monter par le prochain train.

« Je l'ai déjà fait, monsieur. J'ai pris la liberté d'écrire le message et de l'envoyer par l'ascenseur.

"Par Jupiter, tu penses à tout, Jeeves!"

"Merci Monsieur. Une petite tartine beurrée avec le thé ? Exactement, monsieur. Merci."

Je suis retourné au salon. Elle n'avait pas bougé d'un pouce. Elle était toujours bien droite sur le bord de sa chaise, agrippant son parapluie comme un lanceur de marteau. Elle m'a lancé un autre de ces regards à mon arrivée. Il n'y avait aucun doute là-dessus ; pour une raison quelconque, elle ne m'aimait pas. Je suppose que parce que je n'étais pas George M. Cohan. C'était un peu dur pour un gars.

"C'est une surprise, quoi?" Dis-je après environ cinq minutes de silence réparateur, essayant de relancer la conversation.

"Qu'est-ce qu'une surprise ?"

" Vous venez ici, vous ne savez pas, et ainsi de suite."

Elle haussa les sourcils et me but un peu plus à travers ses lunettes.

« Pourquoi est-il surprenant que je rende visite à mon unique neveu ? » dit-elle.

Dit comme ça, bien sûr, cela semblait raisonnable.

"Oh, plutôt," dis-je. "Bien sûr! Certainement. Ce que je veux dire est--"

Jeeves se projeta dans la pièce avec le thé. J'étais très heureux de le voir. Il n'y a rien de tel que d'avoir quelques affaires à régler pour quelqu'un quand on n'est pas sûr de ses lignes. Avec la théière pour m'amuser, je me sentais plus heureux.

« Du thé, du thé, du thé… quoi ? Quoi?" J'ai dit.

Ce n'était pas ce que j'avais voulu dire. Mon idée avait été d'être beaucoup plus formel, etc. Pourtant, cela couvrait la situation. Je lui ai servi une tasse. Elle en but une gorgée et posa la tasse en frissonnant.

"Voulez-vous dire, jeune homme," dit-elle d'un ton glacial, "que vous vous attendez à ce que je boive ce truc ?"

"Plutôt! Ça te donne du courage, tu sais.

« Qu'entendez-vous par l'expression « ça vous met en colère » ?

« Eh bien, ça vous rend plein de haricots, vous savez. Cela vous fait pétiller.

« Je ne comprends pas un mot de ce que tu dis. Vous êtes anglais, n'est-ce pas ?

Je l'ai admis. Elle n'a pas dit un mot. Et d'une manière ou d'une autre, elle l'a fait d'une manière qui a rendu la situation encore pire que si elle avait parlé pendant des heures. D'une manière ou d'une autre, je me suis rendu compte qu'elle n'aimait pas les Anglais et que si elle avait dû rencontrer un Anglais, j'étais celui qu'elle aurait choisi en dernier.

La conversation s'est à nouveau languie après cela.

Puis j'ai réessayé. Je devenais de plus en plus convaincu à chaque instant qu'on ne peut pas faire un *salon vraiment animé* avec quelques personnes, surtout si l'une d'elles se laisse aller mot à mot.

« Êtes-vous à l'aise dans votre hôtel ? » J'ai dit.

« Dans quel hôtel ? »

"L'hôtel dans lequel vous séjournez."

"Je ne séjourne pas dans un hôtel."

"Arrêter avec des amis, quoi?"

"Je m'arrête naturellement avec mon neveu."

Je ne l'ai pas compris pour le moment ; puis ça m'a frappé.

"Quoi! Ici?" J'ai gargouilli.

"Certainement! Où d'autre devrais-je aller ?

Toute l'horreur de la situation m'a submergé comme une vague. Je ne voyais pas ce que je devais faire. Je ne pouvais pas expliquer que ce n'était pas l'appartement de Rocky sans trahir désespérément le pauvre vieux, car elle me demanderait alors où il habitait, et alors il se retrouverait dans la soupe. J'essayais d'amener la vieille fève à se remettre du choc et à produire des résultats lorsqu'elle parla à nouveau.

« Pourriez-vous gentiment demander au domestique de mon neveu de préparer ma chambre ? Je souhaite m'allonger.

« Le domestique de votre neveu ?

«L'homme que vous appelez Jeeves. Si Rockmetteller est parti faire un tour en voiture, vous n'avez pas besoin de l'attendre. Il souhaitera naturellement être seul avec moi à son retour.

Je me suis retrouvé à sortir de la pièce en chancelant. C'était trop pour moi. Je me suis glissé dans la tanière de Jeeves.

« Jeeves ! » J'ai chuchoté.

"Monsieur?"

« Prépare-moi un b.-and-s., Jeeves. Je me sens faible."

"Tres bien Monsieur."

"Cela devient de plus en plus épais à chaque minute, Jeeves."

"Monsieur?"

« Elle pense que vous êtes l'homme de M. Todd. Elle pense que tout l'endroit lui appartient, ainsi que tout ce qu'il contient. Je ne vois pas ce que tu dois faire, à part rester et continuer comme ça. Nous ne pouvons rien dire, sinon elle s'occupera de tout, et je ne veux pas décevoir M. Todd. Au fait, Jeeves, elle veut que tu prépares son lit.

Il avait l'air blessé.

« Ce n'est pas vraiment ma place, monsieur… »

"Je sais je sais. Mais faites-le comme une faveur personnelle pour moi. Si vous en arrivez là, ce n'est pas à moi d'être expulsé de l'appartement comme ça et de devoir aller à l' hôtel, quoi ?

« Avez-vous l'intention d'aller dans un hôtel, monsieur ? Que vas-tu faire comme vêtements ?

"Bon dieu! Je n'y avais pas pensé. Pouvez-vous mettre quelques affaires dans un sac quand elle ne regarde pas et me les apporter en douce au St. Aurea ?

"Je m'efforcerai de le faire, monsieur."

« Eh bien, je ne pense pas qu'il y ait autre chose, n'est-ce pas ? Dites à M. Todd où je suis quand il arrivera.

"Tres bien Monsieur."

J'ai regardé autour de moi. Le moment de la séparation était venu. Je me suis senti triste. Tout cela m'a rappelé un de ces mélodrames où l'on chasse les gars de la vieille ferme dans la neige.

"Au revoir, Jeeves," dis-je.

"Au revoir Monsieur."

Et je suis sorti en titubant.

Vous savez, je pense plutôt être d'accord avec ces Johnnies poètes et philosophes qui insistent sur le fait qu'un homme devrait être diablement content s'il a un peu de mal. Tout ce truc sur le fait d'être raffiné par la souffrance, vous savez. La souffrance donne effectivement à un type une sorte de vision plus large et plus sympathique. Cela vous aide à comprendre les malheurs des autres si vous avez vous-même vécu la même chose.

Alors que je me tenais dans ma chambre solitaire à l'hôtel, essayant de nouer moi-même ma cravate blanche, je me suis rendu compte pour la première fois qu'il devait y avoir des escouades entières de gars dans le monde qui devaient se débrouiller sans homme pour s'occuper d'eux. J'ai toujours considéré Jeeves comme une sorte de phénomène naturel ; mais, par Jupiter ! bien sûr, quand on y pense, il doit y avoir beaucoup de gars qui doivent repasser eux-mêmes leurs vêtements et qui n'ont personne pour leur apporter du thé le matin, etc. C'était plutôt une pensée solennelle, tu ne sais pas. Je veux dire, depuis lors, j'ai pu apprécier les privations effroyables auxquelles les pauvres sont confrontés.

Je me suis habillé d'une manière ou d'une autre. Jeeves n'avait rien oublié dans ses bagages. Tout était là, jusqu'au haras final. Je ne suis pas sûr que cela ne m'ait pas aggravé. Cela a en quelque sorte approfondi le pathos. C'était comme ce que quelqu'un écrivait sur le contact d'une main disparue.

J'ai dîné un peu quelque part et je suis allé à un spectacle quelconque ; mais rien ne semblait faire de différence. Je n'avais tout simplement pas le cœur d'aller souper n'importe où. J'ai juste avalé un whisky-soda dans le fumoir de l'hôtel et je suis allé directement me coucher. Je ne sais pas quand je me suis senti si pourri. D'une manière ou d'une autre, je me suis retrouvé à bouger doucement dans la pièce, comme s'il y avait eu un décès dans la famille. Si j'avais eu quelqu'un à qui parler, j'aurais parlé à voix basse ; en fait, lorsque la cloche du téléphone a sonné, j'ai répondu d' une voix si triste et si basse que l'homme à l'autre bout du fil a dit : « Halloa ! cinq fois, pensant qu'il ne m'avait pas eu.

C'était Rocky. Le pauvre vieux éclaireur était profondément agité.

« Bertie ! C'est toi, Bertie ! Oh mince? Je passe un moment ! »

"D'où parlez-vous?"

«Les fêtes de minuit. Nous sommes ici depuis une heure et je pense que nous sommes un incontournable pour la nuit. J'ai dit à tante Isabel que j'étais sortie pour appeler une amie pour qu'elle nous rejoigne. Elle est collée à une chaise, avec ceci est la vie écrite partout sur elle, la absorbant par les pores. Elle adore ça et je suis presque fou.

"Dites-moi tout, vieux haut," dis-je.

«Encore un peu de ça», dit-il, «et je me faufilerai tranquillement jusqu'à la rivière et j'en finirai avec tout cela. Veux-tu dire que tu vis ce genre de choses tous les soirs, Bertie, et que tu apprécies ça ? C'est tout simplement infernal ! J'étais justement en train de m'endormir un instant derrière la carte quand environ un million de filles hurlantes se sont précipitées, avec des ballons jouets. Il y a deux orchestres ici, chacun essayant de voir s'il ne peut pas jouer plus fort que l'autre. Je suis une épave mentale et physique. Lorsque votre télégramme est arrivé, j'étais juste allongé pour fumer une pipe tranquille, avec un sentiment de paix absolue qui m'envahissait. J'ai dû m'habiller et courir trois kilomètres pour prendre le train. Cela m'a presque donné une insuffisance cardiaque ; et en plus, j'ai failli avoir la fièvre cérébrale à inventer des mensonges à raconter à tante Isabel. Et puis j'ai dû m'entasser dans vos foutus vêtements de soirée.

J'ai poussé un cri aigu d'agonie. Jusque-là, je n'avais pas réalisé que Rocky dépendait de ma garde-robe pour le mener à bien.

"Vous allez les ruiner!"

"Je l'espère", dit Rocky de la manière la plus désagréable. Ses ennuis semblaient avoir eu le pire effet sur son caractère. « J'aimerais leur répondre d'une manière ou d'une autre ; ils m'ont déjà fait passer un mauvais moment. Ils sont environ trois tailles trop petits et quelque chose peut céder à tout moment. Je souhaite que ce soit le cas et me donne une chance de respirer. Je n'ai pas respiré depuis sept heures et demie. Dieu merci, Jeeves a réussi à sortir et à m'acheter un collier bien ajusté, sinon je devrais être un cadavre étranglé maintenant ! C'était un touché et c'est parti jusqu'à ce que le goujon se brise. Bertie, c'est du pur Hadès ! Tante Isabel continue de me pousser à danser. Comment diable puis-je danser quand je ne connais personne avec qui danser ? Et comment diable pourrais-je, même si je connaissais toutes les filles présentes ? Il faut prendre de gros risques même pour bouger avec ce pantalon. J'ai dû lui dire que je m'étais blessé à la cheville. Elle n'arrête pas de me demander quand Cohan et Stone vont arriver ; et ce n'est qu'une question de temps avant qu'elle découvre que Stone est assise à deux tables. Il faut faire quelque chose, Bertie ! Vous devez trouver un moyen de me sortir de ce pétrin. C'est toi qui m'as entraîné là-dedans.

"Moi! Que veux-tu dire?"

« Eh bien, Jeeves, alors. C'est tout pareil. C'est vous qui avez suggéré de laisser le soin à Jeeves. Ce sont ces lettres que j'ai écrites à partir de ses notes qui ont fait le mal. Je les ai fait trop bons ! Ma tante vient de m'en parler. Elle dit qu'elle s'était résignée à finir sa vie là où elle était, et puis mes lettres ont commencé à arriver, décrivant les joies de New York ; et ils l'ont tellement stimulée qu'elle s'est ressaisie et a fait le voyage. Elle semble penser qu'elle a reçu une sorte de guérison miraculeuse par la foi. Je te dis que je ne peux pas le supporter, Bertie ! Il faut que ça finisse ! »

"Jeeves ne peut-il penser à rien ?"

"Non. Il traîne simplement et dit : « Très inquiétant, monsieur ! C'est beaucoup d'aide !

« Eh bien, mon vieux, dis-je, après tout, c'est bien pire pour moi que pour toi. Vous avez une maison confortable et Jeeves. Et vous économisez beaucoup d'argent.

"Économiser de l'argent? Que veux-tu dire par « économiser de l'argent ?

«Eh bien, l'allocation que ta tante te donnait. Je suppose qu'elle paie toutes les dépenses maintenant, n'est-ce pas ?

« Certainement qu'elle l'est ; mais elle a arrêté l'allocation. Elle a écrit aux avocats ce soir. Elle dit que, maintenant qu'elle est à New York, il n'est plus nécessaire que cela continue, puisque nous serons toujours ensemble, et qu'il est plus simple pour elle de s'occuper de ce côté-là. Je te le dis, Bertie, j'ai examiné ce foutu nuage avec un microscope, et s'il y a une lueur d'espoir, c'est un petit dissimulateur !

« Mais, Rocky, vieux haut, c'est trop horrible ! Vous n'avez aucune idée de ce que je vis dans cet hôtel bestial, sans Jeeves. Je dois retourner à l'appartement.

"Ne t'approche pas de l'appartement."

"Mais c'est mon propre appartement."

«Je n'y peux rien. Tante Isabel ne t'aime pas. Elle m'a demandé ce que tu faisais dans la vie. Et quand je lui ai dit que tu n'avais rien fait, elle m'a dit qu'elle le pensait aussi et que tu étais un spécimen typique d'une aristocratie inutile et décadente. Alors si vous pensez avoir réussi, oubliez ça. Maintenant, je dois y retourner, sinon elle viendra ici après moi. Au revoir."

Le lendemain matin, Jeeves est revenu. C'était tellement comme à la maison quand il flottait sans bruit dans la pièce que j'ai failli m'effondrer.

"Bonjour, monsieur," dit-il. "J'ai apporté quelques autres effets personnels."

Il commença à défaire la valise qu'il portait.

« Avez-vous eu du mal à les faire fuir ?

« Ce n'était pas facile, monsieur. Je devais tenter ma chance. Miss Rockmeteller est une femme remarquablement alerte.

"Tu sais, Jeeves, dis ce que tu veux, c'est un peu épais, n'est-ce pas ?"

« Il s'agit certainement d'une situation dont je n'ai jamais eu connaissance auparavant, monsieur. J'ai apporté la combinaison en mélange de bruyère, car les conditions climatiques sont agréables. Demain, si je ne suis pas empêché, je m'efforcerai d' ajouter le salon marron avec le sergé vert pâle.

"Ça ne peut pas continuer – ce genre de chose – Jeeves."

"Nous devons espérer le meilleur, monsieur."

"Tu ne trouves rien à faire?"

« J'ai longuement réfléchi à la question, monsieur, mais jusqu'ici sans succès. Je place trois chemises en soie, la couleur tourterelle , la bleu clair et la mauve, dans le premier grand tiroir, monsieur.

"Tu ne veux pas dire que tu ne peux penser à rien, Jeeves ?"

« Pour le moment, monsieur, non. Vous trouverez une douzaine de mouchoirs et des chaussettes beiges dans le tiroir supérieur à gauche. Il attacha la valise et la posa sur une chaise. "Une dame curieuse, Miss Rockmeteller , monsieur."

"Tu le sous-estimes, Jeeves."

Il regarda méditativement par la fenêtre.

« À bien des égards, monsieur, Miss Rockmetteller me rappelle une de mes tantes qui réside dans la partie sud-est de Londres. Leurs tempéraments se ressemblent beaucoup. Ma tante a le même goût pour les plaisirs de la grande ville. C'est une passion chez elle de monter dans des fiacres, monsieur. Chaque fois que la famille la quitte des yeux, elle s'enfuit de la maison et passe la journée à se promener en taxi. À plusieurs reprises, elle s'est introduite dans la caisse d'épargne des enfants pour obtenir les moyens qui lui permettraient de réaliser ce désir.»

"J'adore avoir ces petites discussions avec toi à propos de tes parentes, Jeeves," dis-je froidement, car je sentais que l'homme m'avait laissé tomber et j'en avais marre de lui. "Mais je ne vois pas ce que tout cela a à voir avec mon problème."

« Je vous demande pardon, monsieur. Je laisse un petit assortiment de cravates sur la cheminée, monsieur, pour que vous puissiez les sélectionner selon vos préférences. Je devrais recommander le bleu avec le motif domino rouge, monsieur.

Puis il se dirigea imperceptiblement vers la porte et sortit silencieusement.

J'ai souvent entendu dire que les gars , après un choc ou une perte importante, ont l'habitude, après être restés par terre pendant un moment à se demander ce qui les a frappés, de se relever et de se reconstituer, et en quelque sorte de prendre un tourbillon. au début d'une nouvelle vie. Le temps, le grand guérisseur, et la nature, qui s'ajuste, et ainsi de suite. Il y a beaucoup de choses dedans. Je le sais, car dans mon cas, après un jour ou deux de ce que l'on pourrait appeler une prosternation, j'ai commencé à récupérer. La perte effroyable de Jeeves a fait de toute pensée de plaisir plus ou moins une moquerie, mais au moins j'ai découvert que j'étais capable de reprendre plaisir à profiter de la vie. Ce que je veux dire, c'est que j'étais excité au point de faire encore une fois le tour des cabarets, pour essayer d'oublier, ne serait-ce que pour le moment.

New York est un petit endroit quand il s'agit de la partie de la ville qui se réveille au moment où le reste se couche, et il n'a pas fallu longtemps avant que mes traces commencent à croiser celles du vieux Rocky. Je l'ai vu une fois chez Peale, et encore une fois chez Frolics sur le toit. Il n'y avait personne avec lui à l'exception de la tante et, même s'il essayait de donner l'impression d'avoir trouvé la vie idéale, il n'était pas difficile pour moi, connaissant les circonstances, de voir que sous le masque les pauvres le gars souffrait. Mon cœur saignait pour ce gars. Au moins, ce qui ne saignait pas pour moi saignait pour lui. Il avait l'air de quelqu'un qui était sur le point de craquer sous la tension.

Il me semblait que la tante avait également l'air légèrement contrariée. J'ai cru comprendre qu'elle commençait à se demander quand les célébrités allaient affluer, et ce qu'étaient soudain devenus tous ces esprits sauvages et insouciants avec lesquels Rocky avait l'habitude de se mêler dans ses lettres. Je ne lui ai pas reproché. Je n'avais lu que quelques-unes de ses lettres, mais elles donnaient certainement l'impression que le pauvre vieux Rocky était en quelque sorte le centre de la vie nocturne new-yorkaise et que, si par hasard il ne se présentait pas dans un cabaret, le la direction a dit : « À quoi ça sert ? et j'ai monté les volets.

Les deux nuits suivantes, je ne les ai pas croisés, mais la nuit d'après, j'étais assis seul à la Maison Pierre quand quelqu'un m'a tapoté sur l'omoplate, et j'ai trouvé Rocky debout à côté de moi, avec une sorte d'expression mitigée. de nostalgie et d'apoplexie sur son visage. Comment le bonhomme avait-il réussi à porter mes vêtements de soirée tant de fois sans désastre était un mystère pour moi. Il confiera plus tard qu'au début de la procédure il avait fendu le gilet dans le dos et que cela l'avait un peu aidé.

J'eus un instant l'impression qu'il avait réussi à s'éloigner de sa tante pour la soirée ; mais, en regardant devant lui, j'ai vu qu'elle était de nouveau là. Elle était assise à une table près du mur et me regardait comme si j'étais quelque chose dont la direction devait se plaindre.

« Bertie, vieil éclaireur, » dit Rocky d'une voix calme et presque écrasée, « nous avons toujours été amis, n'est-ce pas ? Je veux dire, tu sais que je te rendrais un bon service si tu me le demandais ?

«Mon cher vieux garçon », dis-je. L'homme m'avait ému.

"Alors, pour l'amour du ciel, viens t'asseoir à notre table pour le reste de la soirée."

Eh bien, vous savez, il y a des limites aux revendications sacrées de l'amitié.

« Mon cher garçon, dis-je, vous savez que je ferais n'importe quoi avec raison ; mais--"

« Tu dois venir, Bertie. Vous avez à. Il faut faire quelque chose pour la distraire. Elle réfléchit à quelque chose. Elle est comme ça depuis deux jours. Je pense qu'elle commence à soupçonner. Elle ne comprend pas pourquoi nous ne rencontrons jamais quelqu'un que je connais dans ces établissements. Il y a quelques nuits, j'ai rencontré par hasard deux journalistes que je connaissais assez bien. Cela m'a permis de tenir un moment. Je leur ai présenté tante Isabel sous le nom de David Belasco et Jim Corbett, et tout s'est bien passé. Mais l'effet s'est dissipé maintenant et elle recommence à se poser des questions. Il faut faire quelque chose, sinon elle découvrira tout, et si elle le découvre, je prendrais une pièce de cinq cents pour avoir la chance d'obtenir un centime d'elle plus tard. Alors, pour l'amour de Mike, venez à notre table et faites avancer les choses.

J'y suis allé. Il faut se rallier à un copain en détresse. Tante Isabel était assise bien droite, comme d'habitude. Il semblait certainement qu'elle avait perdu un peu de l'enthousiasme avec lequel elle avait commencé à explorer Broadway. Elle avait l'air d'avoir beaucoup réfléchi à des choses plutôt désagréables.

"Vous avez rencontré Bertie Wooster, tante Isabel?" dit Rocky.

"J'ai."

Il y avait quelque chose dans ses yeux qui semblait dire :

"Dans une ville de six millions d'habitants, pourquoi m'as-tu attaqué ?"

« Asseyez-vous, Bertie. Qu'est-ce que tu auras ? dit Rocky.

Et c'est ainsi que la joyeuse fête a commencé. C'était une de ces soirées joyeuses et fastidieuses où l'on tousse deux fois avant de parler, puis décide de ne pas le dire après tout. Après avoir eu une heure de cette folle dissipation, tante Isabel a dit qu'elle voulait rentrer chez elle. À la lumière de ce que Rocky m'avait dit, cela m'a semblé sinistre. J'avais compris qu'au début de sa visite, elle avait dû être ramenée chez elle avec des cordes.

Cela a dû frapper Rocky de la même manière, car il m'a lancé un regard suppliant.

"Tu viendras, n'est-ce pas, Bertie, prendre un verre à l'appartement ?"

J'avais le sentiment que ce n'était pas dans le contrat, mais il n'y avait rien à faire. Cela me paraissait brutal de laisser le pauvre type seul avec la femme, alors j'y suis allé.

Dès le début, dès l'instant où nous sommes montés dans le taxi, le sentiment a commencé à grandir que quelque chose était sur le point de se déchaîner. Un grand silence régnait dans le coin où était assise la tante et, même si Rocky, se tenant en équilibre sur le petit siège devant, faisait de son mieux pour alimenter le dialogue, nous n'étions pas bavards.

J'ai eu un aperçu de Jeeves alors que nous entrions dans l'appartement, assis dans son antre, et j'aurais aimé pouvoir l'appeler pour qu'il se rallie. Quelque chose me disait que j'allais avoir besoin de lui.

Les affaires étaient sur la table du salon. Rocky prit la carafe.

"Dites quand, Bertie."

"Arrêt!" aboya la tante, et il la laissa tomber.

J'ai croisé le regard de Rocky alors qu'il se baissait pour ramasser les ruines. C'était l'œil de celui qui voit venir.

"Laisse-le là, Rockmetteller !" dit tante Isabel ; et Rocky l'a laissé là.

"Le moment est venu de parler", a-t-elle déclaré. « Je ne peux pas rester les bras croisés et voir un jeune homme aller à la perdition ! »

Le pauvre vieux Rocky émit une sorte de gargouillis, une sorte de son assez semblable à celui du whisky qui coulait de la carafe sur mon tapis.

"Hein?" dit-il en clignant des yeux.

La tante a continué.

«La faute, dit-elle, c'était la mienne. Je n'avais pas alors vu la lumière. Mais maintenant, mes yeux sont ouverts. Je vois l'horrible erreur que j'ai commise. Je frémis à la pensée du mal que je t'ai fait, Rockmetteller , en te poussant à entrer en contact avec cette méchante ville.

J'ai vu Rocky tâtonner faiblement vers la table. Ses doigts le touchèrent et un air de soulagement apparut sur le visage du pauvre type . J'ai compris ses sentiments.

"Mais lorsque je vous ai écrit cette lettre, Rockmetteller , vous ordonnant d'aller dans cette ville et de vivre sa vie, je n'avais pas eu le privilège d'entendre M. Mundy parler au sujet de New York."

"Jimmy Mundy!" J'ai pleuré.

Vous savez ce qui se passe parfois lorsque tout semble mélangé et que vous avez soudain un indice. Lorsqu'elle a mentionné Jimmy Mundy, j'ai commencé à comprendre plus ou moins ce qui s'était passé. J'avais déjà vu cela se produire. Je me souviens, en Angleterre, de l'homme que j'avais avant que Jeeves ne se rende furtivement à une réunion lors de sa soirée et revienne me dénoncer devant une foule de gars à qui je donnais un petit souper comme un lépreux moral.

La tante m'a donné un flétrissement de haut en bas.

"Oui; Jimmy Mundy ! dit-elle. « Je suis surpris qu'un homme de votre trempe ait entendu parler de lui. Il n'y a pas de musique, pas d'hommes ivres qui dansent, pas de femmes effrontées et exhibées lors de ses réunions ; donc pour vous, ils n'auraient aucune attirance. Mais pour d'autres, moins morts dans le péché, il a son message. Il est venu pour sauver New York d'elle-même ; pour le forcer – selon sa phrase pittoresque – à suivre la piste. Il y a trois jours, Rockmetteller , que je l'ai entendu pour la première fois. C'est un accident qui m'a amené à sa réunion. Combien de fois dans cette vie un simple accident peut façonner tout notre avenir !

« Vous aviez été rappelé par ce message téléphonique de M. Belasco ; vous ne pouviez donc pas m'emmener à l'Hippodrome, comme nous l'avions convenu. J'ai demandé à votre serviteur, Jeeves, de m'y emmener. L'homme a très peu d'intelligence. Il semble m'avoir mal compris. Je suis reconnaissant qu'il l'ait fait. Il m'a emmené à ce que j'ai appris par la suite être le Madison Square Garden, où M. Mundy tient ses réunions. Il m'a escorté jusqu'à un siège puis m'a quitté. Et ce n'est qu'au début de la réunion que j'ai découvert l'erreur qui avait été commise. Mon siège était au milieu d'une rangée. Je ne pouvais pas partir sans déranger beaucoup de monde, alors je suis resté.

Elle déglutit.

« Rockmetteller , je n'ai jamais été aussi reconnaissant pour autre chose. M. Mundy était merveilleux ! Il était comme un prophète d'autrefois, flagellant les péchés du peuple. Il sautait dans une frénésie d'inspiration au point que je craignais qu'il ne se fasse du mal. Parfois, il s'exprimait d'une manière un peu étrange, mais chaque mot était porteur de conviction. Il m'a montré New York sous ses vraies couleurs . Il m'a montré la vanité et la méchanceté de s'asseoir dans des repaires dorés du vice, à manger du homard alors que des gens honnêtes devraient être au lit.

« Il a dit que le tango et le fox-trot étaient des artifices du diable pour entraîner les gens dans le Gouffre Sans Fond. Il a dit qu'il y avait plus de péchés en dix minutes avec un orchestre de banjo nègre que dans toutes les fêtes anciennes de Ninive et de Babylone. Et quand il s'est levé sur une jambe et a pointé du doigt l'endroit où j'étais assise et a crié : « Cela veut dire toi ! J'aurais pu couler à travers le sol. Je suis repartie une femme changée. Vous avez sûrement dû remarquer le changement en moi, Rockmetteller ? Vous avez dû voir que je n'étais plus la personne insouciante et irréfléchie qui vous poussait à danser dans ces lieux de méchanceté ?

Rocky se tenait à la table comme si c'était son seul ami.

"O-oui," balbutia-t-il; "Je—je pensais que quelque chose n'allait pas."

"Faux? Quelque chose n'allait pas ! Tout allait bien ! Rockmetteller , il n'est pas trop tard pour que tu sois sauvé. Vous n'avez fait que siroter la coupe du mal. Vous ne l'avez pas vidé. Ce sera difficile au début, mais vous découvrirez que vous pouvez y parvenir si vous luttez avec un cœur vaillant contre le glamour et la fascination de cette terrible ville. Ne veux-tu pas, pour mon bien, essayer, Rockmetteller ? Ne retournerez-vous pas demain à la campagne et commencerez-vous la lutte ? Petit à petit, si vous utilisez votre volonté… »

Je ne peux m'empêcher de penser que c'est probablement ce mot « volonté » qui a réveillé ce cher vieux Rocky comme un coup de trompette. Cela a dû lui faire comprendre qu'un miracle s'était produit et lui avait évité d'être exclu de chez tante Isabel. Quoi qu'il en soit, tandis qu'elle disait cela, il se redressa, lâcha la table et lui fit face avec des yeux brillants.

« Veux-tu que je retourne à la campagne, tante Isabel ?

"Oui."

« Ne pas vivre à la campagne ?

"Oui, Rockmetteller ."

« Rester tout le temps au pays, tu veux dire ? Ne viens jamais à New York ?

« Oui, Rockmetteller ; Je veux dire juste ça. C'est le seul moyen. C'est seulement là que vous pourrez être à l'abri de la tentation. Le feras-tu, Rockmetteller ? Le ferez-vous… pour mon bien ?

Rocky attrapa à nouveau la table. Il semblait tirer beaucoup d'encouragement de cette table.

"Je vais!" il a dit.

"Jeeves," dis-je. C'était le lendemain, et j'étais de retour dans l'ancien appartement, allongé dans le vieux fauteuil, les pieds sur la bonne vieille table.

Je venais tout juste d'accompagner ce cher vieux Rocky dans sa maison de campagne, et une heure auparavant, il avait accompagné sa tante dans le hameau dont elle était la malédiction ; nous étions donc enfin seuls. "Jeeves, il n'y a rien de mieux que chez soi, quoi ?"

"Très vrai, monsieur."

« Le joyeux vieil arbre sur le toit et tout ce genre de choses… quoi ?

"Précisément, monsieur."

J'ai allumé une autre cigarette.

"Jeeves."

"Monsieur?"

"Savez-vous qu'à un moment donné dans votre métier, j'ai vraiment pensé que vous étiez déconcerté."

"En effet, monsieur?"

« Quand avez-vous eu l'idée d'emmener Miss Rockmeteller à la réunion ? C'était du pur génie !

"Merci Monsieur. Cela m'est venu un peu brusquement, un matin, alors que je pensais à ma tante, monsieur.

"Votre tante? Celui du fiacre ?

"Oui Monsieur. Je me souviens que, chaque fois que nous voyions venir une de ses crises, nous faisions venir le curé de la paroisse. Nous avons toujours constaté que s'il lui parlait un moment de choses plus élevées, cela détournait son esprit des fiacres. Il m'est venu à l'esprit que le même traitement pourrait s'avérer efficace dans le cas de Miss Rockmeteller .

J'ai été stupéfait par la ressource de cet homme.

«C'est le cerveau», dis-je; « Un pur cerveau ! Que fais-tu pour devenir comme ça, Jeeves ? Je crois que tu dois manger beaucoup de poisson, ou quelque chose du genre. Mangez-vous beaucoup de poisson, Jeeves ?

"Non monsieur."

« Oh, eh bien, alors, c'est juste un cadeau, je le prends ; et si vous n'êtes pas né ainsi, cela ne sert à rien de vous inquiéter.

"Précisément, monsieur", a déclaré Jeeves. « Si je pouvais vous faire cette suggestion, monsieur, je ne devrais pas continuer à porter votre cravate actuelle. La teinte verte vous donne un air légèrement bilieux. Je devrais fortement préconiser le bleu avec le motif domino rouge à la place, monsieur.

"Très bien, Jeeves." Dis-je humblement. "Tu sais!"

LA FIN